小学语文高效课堂与阅读能力培养

董华蕾 著

吉林摄影出版社

·长春·

图书在版编目(CIP)数据

小学语文高效课堂与阅读能力培养/董华蕾著.
长春:吉林摄影出版社,2024.5.--ISBN 978-7-5498-6209-2

Ⅰ.G623.202

中国国家版本馆 CIP 数据核字第 2024CT7139 号

小学语文高效课堂与阅读能力培养
XIAOXUE YUWEN GAOXIAO KETANG YU YUEDU NENGLI PEIYANG

著　　者	董华蕾
出 版 人	车　强
责任编辑	罗　晗
开　　本	787mm×1092mm　1/16
字　　数	137 千字
印　　张	10.25
版　　次	2025 年 6 月第 1 版
印　　次	2025 年 6 月第 1 次印刷

出　　版	吉林摄影出版社
发　　行	吉林摄影出版社
地　　址	长春市净月高新技术产业开发区福祉大路 5788 号
	邮编:130118
电　　话	总编办:0431—81629821
	发行科:0431—81629829
印　　刷	北京银祥印刷有限公司

ISBN 978-7-5498-6209-2　　　　定　价 65.00 元

版权所有　　侵权必究

【前　言】

　　新时代全面推进素质教育,而小学高效课堂的构建随之成为重中之重。小学高效课堂是在有效课堂的基础上,实现更高的效果、效益、效率的课堂。它以导学案为载体,以小组合作交流的学习方式,关注学生课堂学习的效率、效益和效果。可以说,小学高效课堂的实施,带来了基础教育新的改革浪潮,促进了教师专业化发展和学生自主学习习惯的养成。

　　语文作为学生需要重点掌握的一门基础学科,已经伴随着系统化的校园生活陪伴了学生数年之久,语文课堂上,科目难度已经开始逐渐攀升,课堂中出现的许多现象都在提醒教师课堂需要通过优化创新的教学方式来提效。语文是汇聚了历史文化精髓的科目,想要完全学习、掌握语文课程,必须合理规划、利用课堂教学时间,另外要保证拥有良好的教学氛围,以及丰富的教学方法与内容,这样才能打造出小学高效课堂。语文课程对于学生的日常生活、学习会有很大的影响。因此,构建小学高效课堂教学势在必行,也需要教师的全力支持,改变现有的课堂教学理念,注重教学经验的总结,从而提高语文的教学效果。

　　语文阅读能力在人的一生发展中是一种重要的能力。一个人一旦具备了语文阅读能力,就可以凭借它选取自己需要的知识,吸取前人的研究成果,在自己的学习和工作中,有所发现、有所创造。另外,从当代科技迅猛发展的特点来看,只有使我们培养的学生具有了较强的语文阅读能力,才能使他们适应当代语文阅读材料大量涌入和人类知识急剧增长的要求。

注重培养学生的语文阅读能力是当今时代赋予语文教学的重任,也是语文教学实施素质教育的有效举措之一。对学生来说,语文阅读是他们获取信息,拓宽知识,提高素养的主要途径之一;语文阅读水平与学生的学习成绩也具有密切的关系。据调查,语文阅读能力越强,学生的主要学科成绩就越好,反之则越差。因此,语文阅读教学已成为语文教学的一个主要任务,打造语文高效阅读课堂就成了重中之重。

【目 录】

第一章　小学高效课堂的基础理论 …………………………… 1
　　第一节　小学高效课堂的定义及理论依据 …………………… 1
　　第二节　小学高效课堂教学的基本原则 ……………………… 6
　　第三节　小学高效课堂教学的基本模式 ……………………… 13

第二章　打造小学语文高效课堂的实践研究 ………………… 27
　　第一节　小学高效课堂与传统模式的对比 …………………… 27
　　第二节　打造小学语文高效课堂的过程 ……………………… 33
　　第三节　小学语文高效课堂的教学策略 ……………………… 38

第三章　小学语文高效课堂的实施策略 ……………………… 78
　　第一节　提高学生的自主学习能力 …………………………… 78
　　第二节　提高学生活动的思维品质 …………………………… 100
　　第三节　提高教师的教学艺术 ………………………………… 106

第四章　小学语文阅读教学策略 ……………………………… 111
　　第一节　小学语文阅读教学概述 ……………………………… 111
　　第二节　词句篇章的教学策略 ………………………………… 122
　　第三节　读写结合的教学策略 ………………………………… 130
　　第四节　文学鉴赏的教学策略 ………………………………… 133

第五章　小学语文高效阅读课堂的构建……………………… 139
　第一节　小学语文阅读体验式教学策略………………… 139
　第二节　阅读技能和阅读能力培养策略………………… 144
　第三节　小学语文阅读教学的评价策略………………… 149

参考文献……………………………………………………… 155

第一章　小学高效课堂的基础理论

第一节　小学高效课堂的定义及理论依据

一、小学高效课堂的定义

小学高效课堂是针对课堂的低效率相对而言提出的一种概念,是高效型课堂或高效性课堂的简称,具体而言,它指在有效课堂的基础上,完成教学任务和达成教学目标的效率较高、效果较好并且取得教育教学的较高影响力和社会效益的课堂。当下对小学高效课堂的研究及论述颇多。但有一个基本的共识性的描述,即以尽可能少的时间、精力和物力投入,取得尽可能好的教学效果。好的教学效果可以从两个方面来体现:一是效率的最大化,也就是在单位时间内学生的受益量。主要从课堂容量、学业负担等方面进行衡量。二是效益的最优化,即学生受到教育教学影响的积极程度。主要从兴趣培养、习惯养成、学习能力、思维能力与品质等方面进行衡量。以上二者的和谐统一构成理想中的"小学高效课堂"。

衡量课堂高效与否可以从三个维度进行评价:一看学生是否通过学习掌握了知识并进一步提升了能力且获得了情感的陶冶;二看教学效果是通过何种过程获得的,是否实现了小学高效课堂所提倡的"少教多学";三看师生课堂状态如何,是否经历了一段思维碰撞的愉悦交往过程。简言之,"小学高效课堂"至少在教学时间、教学任务量、教学效果等三个方面有所突破,概括为轻负担、全维度、高质量。

小学高效课堂背景下的语文教学,也就是将小学高效课堂这一教学模式在语文教学中进行充分的利用。具体来说,在语文教学中,教师应充分发挥其主导作用,引导学生成为语文学习和体悟的主体,倡导"自主、合作、探究"的学习方式,以学案为主要实施载体,引导学生学习学案、先学后教。教师在教学中注重落实,注重发挥学生的主体作用,做到以学生为主体,贯彻注重实效、精讲精练的课堂理念。在单位时间内,有效地完成语文教学的各个目标,使学生在愉悦的课堂氛围中获得有效的知识收获。

二、小学高效课堂的特征

(一)明确清晰的学习目标

小学高效课堂变以往的"教学目标"为"学习目标",看似简单的字词变化,其实凸显了教育观念的转变。"教学目标"更多的是从教师的角度出发,考虑教师应该完成哪些教学任务;而"学习目标"则是站在学生的立场,这就要求教师在备课时应充分考虑学生应该学习什么,要达到怎样的学习效果,以此为出发点,充分体现了学生课堂中的主体地位。

由于小学高效课堂具有"少教多学"的特征,所以教师在学习目标的制定上就要更加明确。"三讲三不讲"就是针对小学高效课堂该特征而提出的一种新的教学模式,它对目标的制定起了一定的指导作用。具体指:讲难点、讲重点、讲易混点、讲易错点、讲易漏点;不讲学生会的,不讲学生可以通过自学会的,不讲讲了还不会的。

如果教师能充分利用好该原则,在教学目标的制定上就会更明确,使得教学实践免去无用功。此外,在目标制定上,也要因人制宜,考虑不同学生的具体情况,调动学生的主动性去积极探索答案。学生的发展是变化的,教师要善于从多方面、多角度关注学生的发展。教师可通过平时的小测验、小组讨论、提问等方式及时捕捉学生在课堂上的学习状态,将学生在课堂中遇到的问题第一时间呈现出来并予以解决。此外,也要关注学生阶段性的学习效果,及时调整教学手段及目标制定,以更好的方式来引导学生高效学习。学习目标的设定不能只关注知识的掌握程度,更重要的是促进学生能力的提高,教师关于学生评测方面的目标设置应科学合理,达到全面考查的目的。

(二)充分完善的课前预习

小学高效课堂建立在学生充分自主学习的基础之上,充分完善的课前预习是小学高效课堂教学的前提与基础。为保证课前预习的有效性,教师必须提前编制导学案。其基本模式主要是:每学期初各备课组召开备课组会议,确定每一部分内容的主备人,主备人至少提前一周将备课内容(主要为导学案)准备好,在集体备课过程中,提前下发给备课组每位教师,然后陈述自己的备课思路以及导学案编制情况,备课组集体探讨并提出修改意见。集合集体力量打造出高效、实用、科学、规范的导学案。

完成导学案的编写后,教师将导学案提前下发给学生,让学生利用自习时间充分研究学案,利用学案自主学习。此外按照提前划分的学习小组,分解学习任务,任务落实到具体的小组和个人。

在普遍预习的前提下,各学习小组按分工重点探究,增强小组内的合作学习,充分发挥集体的智慧,达到课前自主学习的高效率。另外,在上课之前,教师要检查导学案,在了解学生自主学习情况的基础上,调整提前准备好的教案资料。这样,通过"集体备课—编制导学案—课前预习导学案—检查学案完成情况"的系列流程,师生在课前均做到了充分准备,有利于课堂的高效开展。

(三)积极主动的课堂参与

小学高效课堂的"高效"来源于学生的课堂参与度与知识掌握度,它注重让学生通过参与课堂学习、课堂互动的方式来加深对知识的落实以及能力的提升。在一节45分钟的课堂中,学生参与课堂学习的时间要不少于30分钟,这种参与不是被动参与,而是指学生带着提前预习与讨论中发现的问题主动投入课堂探索中,通过组内、班内学习互动达到解决问题、掌握知识的目的,进一步实现当下所倡导的"自主、合作、探究"的学习理念。

三、小学高效课堂的理论依据

小学高效课堂就是指教学效率或效果高出既定目标的课堂,简而言之,是指在达到课程标准的基础上,高效率完成教学任务和教学目标。所谓高效,体现为两个方面:其一是"快",即相同时间内完成学习任务最多;其二是"好",即对学生能力的培养,如习惯的养成,思维的培养等。又"快"又"好"才是小学高效课堂的灵魂所在,小学高效课堂理念在诸多学习理论中都有体现。

(一)巴班斯基的教学过程最优化理论

巴班斯基重视教学过程最优化的研究,其提出的最为主要的教学理论、教学方法,其实就是教学过程最优化。教学过程最优化指的是在实际的教育、教学过程中,教师能够充分地认识到基本的教学规律、原则、任务等,同时以教学系统的核心特征、基本条件作为考查的内容,选择和设计最优化的教学方案。基于这样的方案和模式开展、组织对教学过程与学生的控制。进而实现在规定的时间范围内,学生在教养、教育和发展领域的全面提高,得到最大可能的教学效益。由此能够认定,所谓的"教学过程最优化",其实并不是一些特殊的教学方法或手段,而是在实际的教育、教学过程中,综合考虑与调动各个元素的功效,使得各自能够相互联系、发挥综合作用,得到最大的效益产出。当然,这里的"最优化"也是指学校、班级在具体的环境制约和条件制约下,能够达到的最为理想的效果。这些条件需要去筛选,有可能在某些条件下是最优的,在另一些条件下就不是最优的。这就要求教师能够根据具体的教学情况来进行选择,也就是说,教师要在各种教学方案中选择一个最佳的方案,达到所要进行教学的最优化的结果。所以说,教学过程中各个条件、环节都是共同活动的整体,想要实现教学过程的最优化,就需要选择适合教学内容、形式、方法和任务的最佳方案。

(二)合作学习理论

有交流、有对话、有合作的课堂才有真正的思想交流与碰撞。自古以来都是采用这种对话、交流与合作的方式来教学。这种教学方法对探索真理、授业解惑有着意义非凡的作用。合作学习正是一种有交流、有对话的学习方式。

合作学习的基本含义是：在课堂学习中，以小组为基本学习单位，师生之间、生生之间，彼此之间通过分工与合作的方式共同完成学习目标，并以小组总体表现作为评价依据。其显著特征是，强调为实现某一共同目标或共同利益而建立的学习合作体。目标的达成不能只靠一个人完成，它需要依靠个体间的相互配合与协调才能实现共同追求；强调个人目标和集体目标的统一，在合作中，以实现共同目标为首要任务，其次才考虑个人目标的实现。

合作学习中的师生要突出学生的主体地位，以满足学生的心理需求为基础，为促进学生学习而服务。在合作学习观的理念下，教师更多地充当着教学的"管理者""促进者""咨询者""参与者"等相对次要的角色，在此基础上强调师生多维互动。小学高效课堂模式切合合作教学理论的主张，它提倡把课堂交给学生，让学生敢于说话、敢于质疑，通过讨论、交流，实现真正的平等、合作；教师合理运用合作学习理论进行高效教学，树立学生的合作学习意识，让课堂在有序、活跃的氛围中开展，实现高效学习。

（三）杜威的"从做中学"理论

在杜威看来，教育是生活和经验，离开生活和经验就没有积累，也就谈不上教育。学校的任务不仅仅是教会学生知识，更是传承社会和民族的文化，只有将学生从死记硬背中解放出来，让学生接触生活，参与生活，"从做中学"才是教育的正确方向。

从做中学，包括下面几个方面：一是要求教学要从学生的生活实际出发，并且依附于他们的现实生活；二是要求教师鼓励学生在活动时开动大脑，运用观察和推测、实验和分析、比较和判断，使学生的头脑和身体都得到锻炼，成为智慧的源泉；三是不能只依靠学生的经历体验和活动实践，要做到知行合一。

第二节　小学高效课堂教学的基本原则

一、主体化原则

主体化教学原则的基本含义是指在教学中不仅教师要成为主体,同时学生也要成为主体,教学要充分发挥教师和学生"双主体"的作用。主体化教学原则的深层次或更为根本的含义是,教学要在发挥教师主体作用的同时,重在培养学生的主体性,培养学生的"主体意识""主体精神""主体人格"和"主体能力",为将来在社会实践中担当"主体角色",发挥"主体作用"奠定良好的基础。

"主体性"具有"自主性""主动性"和"创造性"特性。人在实践中表现出的"主体性"及其所属的自主性、主动性和创造性的特征,既不是先天固有的"神来之物",也不是固定不变的抽象物,它是在人类社会实践中形成,并随社会实践的发展而发展,具有社会性、现实性和历史的发展性。因此我们主张的"主体性"首先要体现时代的需求和特征。现代社会人的"主体性"应该是建立在"人的独立性"(尽管还不能摆脱"物的依赖")基础上的主体性,即具有独立个性的主体性;同时,也应是当代及未来社会人所应具有的顾及人与自然、人与人之间和谐共生关系的理性精神与人文精神辩证统一的主体性。其次我们主张的"主体性"还应体现出民族的阶级的需求和特征。它应该既是对以中华民族为代表的东方文明优良传统的继承和弘扬,又是对我国社会主义性质和方向的坚持和发展;当然也需要借鉴和吸收西方文明及资本主义社会中作为人类文明共同财富的部分内容。

贯彻主体化原则,要求在教学中做到以下几点。

第一,树立现代学生主体观,确立学生的"主体地位",尊重学生的"主体人格",培养学生的"主体意识"。"教学"是"教"和"学"的有机统一,而学习是教学的中心;学生是教学中双主体之一,又是学习的唯一主体;是应学而教，教以促学，教师为学生服务，教师的一切工作都是为了促进学生的学习和发展——这是小学高效课堂教学"学生主体观"的核心内容。按照这样的观点，在教学中师生之间是平等合作的关系，而不是传统的"师徒如父子"及"母爱"教育中的"亲子"关系。只有明确师生间平等合作的关系，才能确立学生在教学中的"主体地位"，才能培养学生的"主体意识"。师生间平等合作关系的核心是相互尊重和理解。教师应在现代的民主平等观念基础上树立新型的师生关系，这样才能有利于培养学生独立的人格意识和主体意识。

第二，贯彻"教学的发展性"原则，培养学生健康的"主体心理"，发展学生合理、和谐的个性。教学不能没有认知，但教学不仅仅是认知；教学过程无论对教师还是学生，都是精神意识的全方位投入，即心理过程——认知、情感和意志过程的整体参与，个性——个性倾向、个性心理特征和自我意识的综合展现。而且学生精神意识的提升、心理的培育、个性的发展，也只有通过教学过程才能得到具体的实施。所以教师在教学中一定要树立把学生视为"生命体"的观念，在以认知为主体的教学中，随时关注学生的心理活动及发展。对于涉及学生心理和个性发展的现象和问题不要因考虑有碍事先安排的教学程序而轻易放过，宁可调整教学程序也要捕捉教育契机，进行适当的点拨教育。要精心护育学生的个性发展，对于错误的行为要因势利导，切忌冷嘲热讽，否则师生间产生心理隔阂将无法促进学生心理的正常发展。

第三，贯彻"传授知识与发展智力、培养能力相统一的原则"，培养学生的"主体能力"。按照现代认知心理学的观点，除了智力中先天遗传的因素之外，智力不是脱离知识而独立存在的神秘之物，它寓于广义的知识之中，既体现在丰富、扎实的（即在认知结构中逻辑化网络化）陈述性知识中，又体现在陈述性知识以"产生式"方式向程序性知识转化以顺利地分析问题和解决问题的智慧技能中；还体现在掌握认知策略，用以自觉地调控、支配自己的认知活动中。因此在教学中，教师要自觉地掌握和运用三类知识——陈述性知识、程序性知识和基本技能训练；并在"双基教学"中注重学生自学能力的培养,教给学生自学方法,逐步养成自学意识和自学习惯。系统扎实的陈述性知识、分析问题解决问题的程序性知识,再加上灵活适用的方法性知识,结合起来便是完整的认知能力,即智力;形成了智力,又养成良好的自学意识、方法和习惯,那么学生便具备了当前学习、终身学习以及从事社会实践的"主体能力"。

二、学习化原则

学习化原则就是教学以学习为中心的原则。现代高效教学应该综合融汇"教师中心论"和"学生中心论"的合理因素,确立"学习中心论"——以学习为中心,教师主导与学生主体有机结合的教学观念。现代高效教学的"学习中心论",不仅是对教学实践固有的"缘学有教,应学而教,因学论教,教为促学"的教与学、教师与学生关系的正本清源,而且是教学实践适应未来"信息社会"和"学习化社会"的需要而发展的必然趋势。

学习化原则的基本含义是指教学过程中要围绕学生的学习来展开,学生学习的原有状况是教学的根本出发点,调动学生学习的积极性、主动性和自觉性是教学的基础,促进学生形成有意义的学习是教学的核心,学生掌握知识的多少是衡量教学是否高效的根本标准。学习化原则的深层次或更本质的含义,是使学生"学会学习",掌握自我学习、自控学习的方法和能力,实现"教"是为了不教的教学理想,为适应未来的"学习化社会"所必需的"终身学习"能力奠定良好的基础。

贯彻学习化原则,要求在教学中做到以下几点:

第一,要把激发和调动学生学习的主动性、积极性和自觉性贯彻教学过程的始终。教学是"教学生学",没有学生学习的主动性、积极性和自觉性,是不可能实现高效教学的。动力动机是学习系统中的重要组成部分,它不仅决定学习活动能否开始,也制约着学习活动能否坚持,整体学习过程能否顺利进行。所以教师不仅在课堂的起始阶段要激发学生的学习兴趣,使学生以饱满的热情、强烈的求知欲进入学习状态;而且在整体教学过程中要密切关注学生的心理及精神状态,根据其变化采取措施,使学生始终保持良好的主动学习的态势。

第二,贯彻"启发式"教学原则。孔子是公认的启发式教学原则的第一人,他指出的"不愤不启,不悱不发。举一隅不以三隅反,则不复也",至今仍然不失为对启发式教学原则的权威解释。启发式教学原则的核心就是充分调动和发挥学生学习的主动性、积极性和自觉性;教师要因势利导,为学生的学习创设条件,促其"内化"。"启发式"是一种教学原则,一种指导思想,而不是一种具体的教学方法。应该用它统摄各种具体的教学方法,或者说在运用各种具体的教学方法过程中都要体现启发的原则和思想。譬如传统的"讲述性"既可以是生硬注入式的,也可以是启发式的;符合有意义学习规律的"启发式讲述法",不仅不应废止,而且即使在现代教学中也是大有用武之地的。启发式原则应落实到学生学习的全过程:启发学生兴趣动机,启发学习意志和志向,启发观察,启发注意,启发记忆,启发想象,启发思维。总之,启发学生的各种智力和非智力因素。启发式原则就其本质而言,不单是教学过程的一个原则,准确地讲应成为整体学校教育的一项重要原则。学生德智体美劳各方面的全面发展及个性的和谐发展,都应该提倡启发式,废止注入式。启发式原则的基础是尊重受教育者的主体人格,核心是调动受教育者学习的主动性,促进受教育者的自主学习;这对于以"民主"为基础的现代教育、现代家庭教育、现代学校教育、现代社会教育都应该对其继承完善、发扬光大。

第三,贯彻"学会学习"的原则,培养学生自学的能力和习惯。学生学习的自觉性是学习主动性的最高层次。养成学生独立自学的能力和良好的自学习惯,应成为教学的最佳理想境界。学习终究是学生自己的事,而且是学生一辈子的事。在人的一生中,学校中的从师学习时间终究是有限的,而出校后独立接受学习和发现学习则是大量的、终生的;尤其在科技飞速发展、知识总量骤增的当今及未来社会,掌握自学能力尤为重要。所以在教学过程中,不仅要指导学生理解掌握各学科现成的知识,还要教给学生学习方法;并且要根据学生年龄及心理特点结合教材实际,创设独立自学条件,提供自学的机会,指导自学的方法,逐渐地提高学生自学能力,养成良好的自学习惯,这对于学生是终身受益的。

三、最优化原则

最优化原则是着眼整体教学系统,使各教学要素优化组合,以求得最佳的整体效益的原则。从系统论的观点看,教学是在一定的教学环境中,教师和学生依据教材传媒和教学物质条件,通过一定的组织形式,运用一定的教学方法和手段,共同完成教学目标和任务。从静态的构成性要素分析,教学包括环境要素——物理环境教学设施、设备和心理环境"教学氛围",人员要素——教师和学生,信息要素——课程和教材。从动态的过程性要素分析,教学包括教学目标、教学内容、教学方法、教学手段、教学组织形式、教学结果及评价。要使教学取得最佳效果,无论构成性要素还是过程性要素,都应贯彻整体优化的原则。

贯彻"最优化原则",要求做到以下几点:

第一,优化教学环境,营造良好的教学氛围。教学的物理环境,大至学校整体环境,小至班级教室环境,其物质建设都与经费直接相关,对于经济发展程度不同的地区不能强求一律,盲目攀比。但是整洁、卫生、朴素、典雅却是对教学环境物质文明的共同要求。而且物理环境还应渗透教育因素,成为对学生进行潜移默化教育的"隐蔽课程"。物理环境营造的主要是"自然氛围",而由良好的校风、班风、教风和学风组成的"精神氛围",是教学氛围最重要的组成部分。其中教师品德高尚,精于学业,为人师表,关心爱护学生,无疑是教学精神氛围建设的核心。在教师优良教风的带动下,培养学生树立尊敬教师、勤奋学习、互相帮助、团结合作、独立思考、奋发向上的良好学风。融洽和谐、精神振奋、生机勃勃的教学氛围,是高效教学不可缺少的环境条件。

第二,以优化教学目标为核心优化教学过程。教学目标是一个具体的教学活动过程所要达到的预期结果和标准,它规定着具体教学过程的方向和任务,是统摄教学过程的"主导"。要依据课程标准和教材内容,并结合学生认知结构的实际状况,确定教学目标。要考虑学生身心素质,认知和情感、意志,知识和智力、能力的各方面教学要求。但是教学目标的具体行文要体现重点,要具体明确,切忌空泛。

优化选择和组合教学方法是优化教学过程的重要内容。教学方法是中性的,本身没有好坏优劣之分,能否为完成教学任务产生预期的效果,全在于运用。教学方法是多样的,任何方法都有其特定的性质功能及特定的适用范围,不存在适用一切学科、一切教学内容和教学对象——学生的放之四海而皆有效的教学方法。如"讲述法"有利于系统、高效地传授知识,但容易造成学生学习的依赖性,不利于独立思考和创新精神的培养;"发现法"有利于培养学生发现探索的精神,但花费时间多,且发现教学的程序也不是具有一般教学能力的教师能轻易掌握的;"谈话法"有利于激发学习兴趣,有利于即时教学反馈,但掌握不当也容易造成表面上的热闹,影响对知识深入的理解;"演示法"直观形象,有利于表象感知,但需和知识的理性认知相结合;"讨论法"有利于培养学生独立思考,锻炼思维能力和表达能力,但在低年级学生身上难以有效地进行;"自学法"有利于培养学生的自学能力和自学习惯,但对自学中的难点、疑点还需教师点拨讲解;等等。总之,要根据学科教材的特点、学生的特点以及教师自身的特点选择运用教学方法。同一种方法对于不同的教师,有的可能运用起来得心应手,成效显著;有的则可能捉襟见肘,事倍功半。同一种方法对于不同的学生,有的可能与教师配合默契,学有兴趣;有的则可能机缘不投,兴致不高。同样的道理,同一种方法对于不同学科及同一学科的不同节次的教学内容,其效果也绝不会是一样的。教学一定要根据教师、教材和学生的千差万别及教学过程的千变万化,灵活地选择和调配,使不同的教学方法在组合运用中发挥综合的、整体的效能。

教学组织形式也要贯彻优化组合的原则。传统的班级授课制组织形式有利于集中高效地传授知识,但较之个别教学,终究不利于因材施教。要想真正做到因材施教,对于我们来说,目前最现实的是发现班级授课制的"现代意义",努力把班级群体建设成民主自治式的班级集体,在学生个性异质的基础上开展"合作教学",充分发挥班级授课制的有利于"集体学习"的功能。改变传统教学中的教师与学生的单向信息交流(教师→学生),努力做到教师与学生的双向交流(教师←→学生)和学生与学生的双向交流(学生←→学生),同时,传统教学中教师对学生课内外的个别辅导和答疑解惑,无疑是因材施教,是对班级授课制固有缺陷的弥补,我们应该继承坚持。

从客观事物运动变化的绝对性意义上讲,任何事物都表现为发展过程。教学作为过程,就是促进学生发生一系列变化的过程。"主体化原则",就是使教学成为促进学生转化为主体的过程。"学习化原则",就是使教学成为以"学习为中心"的过程,使学生养成"终身学习"的意识、能力和习惯。"最优化原则",就是组合教学要素,使教学优化的过程。在上述的教学过程的一系列变化中,"主体化"是目的,是根本,也是统帅;"学习化"是实质,也是途径;"最优化"是保证。

四、低耗高效性原则

学生和教师的时间和精力是一定的,既不能掠夺式使用,更不能无限地开发。美国当代教育心理学家卡罗尔(J. B. Carroll)20世纪60年代提出了"学习程度"的一般公式:学习程度=f(所花时间/所需时间)。这一公式表明,任何学生的学习程度是他所花时间和所需时间的一次函数。

越来越多的研究证明,时间是影响学习的变量,而不是常量。"所给时间"的多寡与"所用时间"并不成正比例,与学习效率更没有必然的联系。关键要看"所用时间"和"所得时间"运用的是否得当。高效教学要求大幅缩减"所给时间",用好"所用时间",增加"所得时间",降低耗费,降低师生双方学习能量的耗费。学习效果好的教学不一定就是我们所说的高效教学,低耗节能是首要的原则。

所谓低耗高效性原则是指以最低的消耗、最少的投入来获得最佳的教学效益。也就是用最少的时间、精力、物力等的投入,获取学生的最大限度的发展和提高。这个发展提高指的是学生在知识与技能、过程与方法、情感态度与价值观等三维目标上的发展和提高。小学高效课堂教学追求的目标之一就是教学的效率问题,即学生的快速发展问题。这是时代发展的需要。当今社会是知识爆炸的社会,是知识急剧增加的社会,学生要在极为有限的时间内尽可能多的获得和掌握语文知识,提高学习的能力,提高获取知识信息的效率,少投入,多收获,否则就难以适应社会发展的需要。

贯彻"低耗高效性"原则,要求做到以下几点:

一是要具备低耗高效的思想意识,充分认识低耗高效的重要性。只有对低耗高效重要性认识的越清楚,才会越能想方设法地去改进教学方法,降低消耗,提高教学效率和质量,才会促进学生的快速发展,高质量的发展。否则要降低消耗,提高效益是不可能的。

二是要不断提高教师的教学水平和能力。教师的教学水平和学生的学习水平是影响学生学习效果和效益的重要因素。只有不断地提高教师的教学水平和学生的学习水平,才能保证学生的学习质量和学习速度。教师的教学水平越高,学生的学习质量和学习速度就越快,就越能保证学生在最短的时间和最低的消耗下获得最佳的学习效果。所以教师要不断地加强学习,加强修养,勤奋钻研,自觉地提高教学水平和能力,以保证和促进学生快速、高质的学习效果。

第三节 小学高效课堂教学的基本模式

一、教学模式的含义

综合当前国内有关教学模式的解说,大致有以下几种:

第一,教学模式属于方法范畴。有人认为教学模式就是教学方法,有人则把教学模式视为多种教学方法的综合。

第二，教学模式与教学方法既有联系又有区别。各种教学方法在具体时间、地点和条件下表现为不同的空间结构和时间序列，从而形成不同的教学模式。

第三，教学模式与"教学结构—功能"有密切的关系。

第四，教学模式是在教学实践中形成的一种设计和组织教学的理论，这种理论以简约的形式表达出来。

第五，教学模式是在教学实践基础上建立起来的一整套用于组织和设计教学活动、再现和调节教学功能的教育策略体系。它由教育哲学主题、功能目标、结构程序及操作要领等部分构成。

第六，教学模式是指在一定教学思想或理论指导下为设计和组织教学而在实践中建立起来的各种类型教学活动的基本结构，它以简约化的形式表达出来。也可以把它理解为是开展教学活动的一整套方法论体系。

第七，教学模式是在一定的教学思想和理论指导下建立起来的较为稳定的教学活动结构框架和活动程序。

第八，教学模式是指在一定教学思想指导下，建立在丰富的教学经验基础上，为完成特定的教学目标和内容而围绕某一主题形成的比较稳定且简明的教学结构理论框架及其具体可操作的实验活动方式。

上述解说前两种有简单化的缺陷，还没有形成严格的科学定义。如第一种所说的教学模式就是教学方法，这就把教学模式与教学方法混为一谈。从第三种解说开始，触及了教学模式的本质，但要形成一个严格的科学定义还需要反复推敲。

这里我们不妨对教学模式下一个描述性定义：教学模式是指建立在一定的教学理论指导下和丰富的教学经验基础上，为设计和组织教学而形成的一套较为稳定的教学活动结构框架和活动程序。

这个定义揭示了教学模式的本质，具有以下特点：

第一,指出了教学模式的中介性。教学模式本身不是严格意义上的理论,虽然它从整体上把握教学中的有关共性,带有理论的抽象简略性,但它不同于教育理论本身,而是教育理论的具体化、程序化。因此,它要以一定的教学理论为指导。同时,教学模式又把教学经验升华、提炼到一定高度,经升华、提炼的经验带有理论的色彩。因此,它要建立在丰富的教学实践经验的基础上。这种中介性的特点就使教学模式既要以一定的教学理论为指导,又要善于总结、提炼教学实践中积累、创造的丰富的实践经验。

第二,强调了教学模式的目的性,即"设计和组织教学",完成特定的教学目标和内容而形成的。

第三,强调了教学模式的稳定性,即教学模式一经形成,对教学活动具有较为普遍的指导意义,而非朝令夕改。

第四,揭示了教学模式的本质,即教学活动结构框架和活动程序。结构框架显示出教学模式从宏观上把握教学活动整体及各要素之间的内部联系,活动程序突出了教学模式的有序性和可行性。

二、传统的教学模式

(一)传递—接受式

这是我国小学教学实践长期使用、普遍认同的一种模式,各级师范教育也基本上以它来训练未来教师的教学技能。它主要运用于系统知识、技能的传授和学习,适用于语言、人文、数理类等学科的教学。

这种教学模式的基本程序是:激发学习动机—有针对性地复习旧课—教师讲授新课—学习练习巩固和应用—教师检查(或学生自我检查)学习效果。

该模式是由教师直接控制教学过程,按照学生认识活动的规律来规划。通过教师传授使学生对学习的内容由感知到理解,达到领会,然后再组织学生练习,巩固运用所学的内容,最后检查或组织学生自我检查学习的效果。

该模式的特点是操作程序及要领非常明晰,极有利于新教师迅速把握;能使学习者比较迅速有效地在单位时间内掌握较多的信息,符合学校高效率传授人类知识经验的使命的要求,比较突出地体现了教学作为一种简约的认识过程的特性。所以,这种教学模式在教学实践中能被广泛地采用,且经久不衰。但是,该模式过于强调教师的主动性,使学习者客观上处于接受教师所提供信息的地位,因此,不利于他们主动性的发挥,极易于导致学生机械地学习、被动地学习。为此,多年来这种模式受到各方面的批评。然而,学生是否被动、机械地学习,关键在于教师是否能激发学生学习的积极、主动性,传授的内容是否具有潜在意义的言语材料,能否同学生原有的认识结构建立实质性的联系。如能做到这些,就不能对这种模式所发挥的独特功能加以否定了。

(二)引导—发现式

这是一种学生在教师的引导下,以发现并解决问题为中心,以注重学生独立活动,发展认识能力、科学态度和意志为目标的教学模式。

这种模式的基本程序是:问题—假设—验证—总结提高。

1. 问题:这一阶段中所提出的问题一定要难易适度,并能使学习者明白这个问题的指向。

2. 假设:教师应尽量在诱发性的问题情景中引导学生通过分析、综合、比较、类推等不断产生假设并围绕假设进行推理。引导他们将原有的各种片段知识从各个不同的角度加以改组,从中发现必然的联系,逐步形成比较确切的概念。

3. 验证:教师通过进一步提供具体事例,要求学生去辨认,或由学生自己提出事实来说明所获得的概念。

4. 总结提高:引导学生自己分析思维的过程和方法。

这种以"问题解决"为中心的教学要求教师所提供的语言引导在性质和数量上都是最精练的,能为学生创设一个在认识上的困难情境,使学习者产生想解决这一认识上困难的想法,从而去认真思考所要研究的问题。所提出的认识困难如果能吸引学生独立地运用各种思维操作,就说明这种问题的情境已经形成。

随着问题情境的产生,学生在教师引导下要能提出各种解决问题的可能方案,即能进行假设,并能验证其真伪,做出认识上的结论。而要做到这一点就要求运用统觉原理,使学生能探索出先前获得的与新课题有关的经验和知识,并在此基础上能构成一个新的组合来解决新的问题。这种将问题情境转变为解决问题情境的"突然顿悟",就是发现法这种基本方法的实质所在。

我国有的教育工作者在小学数学教学中运用"引导发现"式,提出了"小学数学引导—发现法",其一般程序为:①导入:将学生由旧知引向新知,诱发思维,集中注意。②探究:使学生主动地形成概念,理解原理,寻求答案。这个阶段又细分为三步:第一,具体体验,进入新课学习情境;第二,分析比较;第三,归纳整理。③运用:通过独立的或半独立的练习,利用效果反馈,获得知识迁移的能力。

还有人在中学教学中也作了尝试,程序为:第一,创设情境,引导学生进入问题;第二,观察探究,引导学生发现目标;第三,推理证明,引导学生验证发现;第四,总结练习,巩固知识,提高技能。

在这种模式中师生处于协作的关系,要求学习者能展开积极能动的活动,有时甚至可以扮演主角,但这要根据具体的课题和学习者的情况而定。这种模式有助于学习者学会怎样学习,尤其是怎样发现问题之后加工处理信息,对提出的假设如何推理论证,从而发展学生的探索能力,养成问题意识和科学态度。但这种模式也存在局限性,一般来说对数理学科较适用,它需要学习者具有一定先行经验储备,这样才能从强烈的问题意识中找到解决问题的线索。

(三)指导—自学式

这是一种颇具中国特色的在教师指导下学生自学教材、讨论交流、弄清疑难、练习巩固、掌握知识技能,养成自学能力和自学习惯的教学模式,或叫"自学—辅导式"。这是对"传递—接受"模式的一种改造,把原来由教师系统讲授的部分改为在教师指导下由学生自学教材。这种模式由于充分发挥了视觉分析器的作用,又较重视学生之间的相互帮助,因此比单靠"讲授听讲"单通道输入信息的效果要好。

这种教学模式的基本程序是:自学—讨论交流—启发指导—练习总结。

1. 自学

这是其中最核心的部分。它的目的是在学生独立阅读教材、独立完成作业的过程中培养自学能力。教师要根据各个学生学习的情况在这一过程中分别进行重点指导。由于学习者的基础不同,通过自学培养学生自学能力也是有层次的。一般分为三个阶段:第一阶段为基础阅读阶段,主要是使学习者具有阅读教材的基本能力,对教材的基本内容能理解。第二阶段为逻辑整理阶段,即引导学习者通过自学,在理解的基础上能整理出某一课题内容的逻辑结构和相应的学习方法。第三阶段为结构迁移阶段,即学习者在自学时已基本掌握"同化""顺应"的规律,能把自学的内容和自己的认知结构联结起来。对其中结构不同或差异较大的新知识也能找到突破点,并通过新学的内容形成自己的观点。

2. 讨论交流

讨论交流主要对共同存在的问题经过相互探讨能集思广益、取长补短,以提高认识,并能培养尊重他人的良好品质。

3. 启发指导

教师在讨论交流的基础上对其中的难点、关键和不同的看法进行重点启发、解惑、指点,引导学生自己做出结论。其指导作用的发挥和指导方式根据自学能力的水平有所不同。

4. 练习总结

通过完成各种类型的作业、实验操作,进行评价、改错、小结等活动,使所学内容能纳入已有的知识体系之中。

这种教学模式保证了学生自学活动占相当大的比重,因此,其优点在于:一是有利于调动学生学习的主动性与学生自学能力和习惯的培养。二是有利于适应学生的个别差异,对于解决在集体教学中如何因材施教方面的问题有较好的效果。教师通过对学生自学时的个别辅导,加深了对学生基础水平、理解能力、性格特征等方面的了解,从而根据不同学生的特点进行指导。三是该模式使教师职责由系统讲授变为定向、引导、点拨等活动,这就向教师素质提出了更高的要求,促进了教师素质的发展。

但是,这种模式所运用的一些具体的启发方法,还需要进一步论证,以保证教师能自觉贯彻启发式教学思想,从而避免由"自学式"滑向"放羊式"。

三、当代盛行的小学高效课堂教学模式

随着课程改革的不断深入,人们的思维不断地精细,新的教学模式也不断地出现。在课程改革的大背景下,教师经过积极探索,不断努力,在实践的基础上,总结出了不少新的教学方法和模式,如"先学后教,当堂训练"教学模式、"三三六"教学模式。

(一)"先学后教,当堂训练"教学模式

1."先学后教,当堂训练"教学模式的基本含义

(1)关于"先学"

所谓"先学",就是在课堂上,在教师开讲之前,学生在教师积极地引导下,紧紧地围绕本课的学习目标,按照教师预设的最有效的学习指导所进行的自我实践、自我探究、自主学习。

这里要强调非常重要的几个状语。

①"在课堂上"。"先学"这个环节一定要在课堂上进行,它不是课前的预习,也不是课后的作业。把课前预习移到课堂上来,不是预习,而是"先学"。课堂上教师给出一定时间大家一起学,不让学生利用课后时间学,学生自然愿意。在学习过程中,大家一视同仁,共同用心努力,完成任

务，达到目标。

②"在教师开讲之前"。课堂上，教师必须讲，但什么时候讲，讲什么内容却大有讲究。"先学后教，当堂训练"教学模式要求教师必须在学生学之后讲，即课堂上如果没有学生"先学"，就不存在教师讲解。"在教师未讲之前"要求我们在组织学生学习时，把学习权还给学生，让学生迅速地投入学习中，不要没有任何针对性地讲。

③"在教师积极地引导下"。学生在课堂上的"先学"，离不开教师的引导，学生有效地"先学"是在教师积极地引导下展开的。没有教师的引导，学生的"先学"就会失去方向，无目的，无内容，无责任，从而显得无意义。这句话说明了教师在学生"先学"中的重要意义与作用。教师要制定好本课时的学习目标，出示好自学指导题，引导好学生"先学"什么、怎样"先学"，"先学"应达到的目标与应努力的方向。这句话更说明了教师在课堂上的作用主要是引导。教师的引导是积极的引导，不是被动的、消极的、盲目的、随意的引导。要引在关键处，导在合适处，这样的引与导才会见效，才会对学生有所启示与帮助。

④"自我实践，自我探究，自主学习"。学生"先学"的过程是"三自学习"的过程。这是一种尝试，这是检测自己的能力与水平的过程，是通过自己的力量解决问题的过程。"三自学习"法，是"先学后教，当堂训练"教学模式的独特之处，说明整个学习是一种自觉研究的过程，是从感性认识上升为理性认识的过程，是不断体验与感受的过程。经过了"三自学习"，学生的认识会更深，经历会更丰富，理解会更透彻，从而为下一步的学习奠定坚实的基础。

这里还要强调的是，"先学"不同于我们平时所讲的一般性的学习，"先学"是有目的、有责任、有时间观念、有教师指导的自主学习。"先学"中，教师除了引导学生学习外，还要进行巡视、关注、了解、调查、确诊的工作，看哪个学生认真、哪个不认真。对相关学生做出诊断，不是立即指出学生存在的问题，而是视而不见，以促使学生自我调整，自我提升。所以，在学生"先学"时,教师一定要在三个"不"字上做文章——不提示,不暗示,不揭示,教师只做一个观察者,而不去做一个评论员,从而为后面的有针对性的"教"奠定基础。

(2)关于"后教"

所谓"后教",是指在课堂上,在学生"先学"的基础上,教师组织、引导学生为解决"先学"中存在的相关问题,所进行的相互实践、相互探究、相互学习。

这里有几个关键词语。

①"'先学'中存在的相关问题"。学生在"先学"中必然会出现问题,主要是不能解决的问题,理解不深的问题,不能形成规律的问题,找不到内涵的问题,等等。这些问题通过"先学"体现出来,所以没有"先学"就没有"后教"。学生能独立完成的,要让学生去独立完成,只有学生不能独立完成时,才需要"后教"。

②"相互"。这个词也很重要,就是你帮助我,我帮助你;好同学帮助差同学,"兵教兵";集思广益,"群起而攻之"。这种"相互"不仅表现在同学之间的相互帮助,还表现在教师帮学生。教师帮学生也属于"兵教兵"——教师也是兵,是老兵,学生是新兵,"兵教兵"就是老兵教新兵,教师帮学生。不过,教师帮学生一定要在学生帮学生之后,只有这样,学生的主体性才能发挥,教师的作用才能真正发挥。

(3)关于"当堂训练"

所谓"当堂训练",就是在课堂上,在"先学"与"后教"的基础上,为了检测学生目标的达成情况,教师组织、引导学生对"学"与"教"的内容做出反馈。

在这里,我们强调三点。

①"在课堂上"。我们认为这一点非常重要。课堂作业必须在课堂上完成,坚决不能将课堂作业移至课后,一定要做到"千忙万忙,当堂训练不慌不忙"。"当堂训练"之"当"就是"在"的意思。"当堂训练"就是在课堂上训练的意思。为什么一定要在课堂上训练?其一,如果放在课后,学生

作业作假的可能性就会增加;其二,学生负担就会增加,课后时间就会被抢占;其三,不利于课堂教学改革,课堂教学目标就不能达成。少时间,少布置;没时间,不布置。总之,课堂作业一定要置于课堂之中,因为"当堂训练"的目的是检测学生学习目标的达成情况,这也是保证课堂上学生全过程紧张学习的关键。

②"又一次"。"先学"是一次学习,"当堂训练"是又一次学习。当然,两次学习有所不同,后一次学习较之前一次个体学习得更深化。

③当堂训练的方式。根据学科的不同,当堂训练的方式可有笔头训练、口头训练、操作训练等。语文、品德可以用口头训练的方式,数学可以用笔头训练的方式,物理、化学、生物可以用操作训练的方式。当堂训练还可分为集中训练与分散训练两种方式,集中训练就是在课堂上某一集中的时间进行训练;分散训练就是贯穿在学与教的始终的训练。一般来说,数学一般采用集中训练方式,英语、语文一般采用分散训练方式。

2."先学后教,当堂训练"教学模式的特点

"先学后教,当堂训练"课堂教学模式是一种崭新的教学方略。它彻底地改变了传统教学"先教后学"的教学模式。这种教学模式具有以下三个基本特点。一是真实,这是课堂高效的前提;二是有序,这是课堂高效的保证;三是紧张,这是课堂高效的标志。

(1)真实

真实是课堂的生命,没有真实,就没有课堂,就不存在人的发展,就不可能实现教学的真正和谐与高效。"先学后教,当堂训练"全过程注重教学的真实性。

①过程是真实的

"先学"时,学生认真读书、思考、实践,教师不作任何提示、暗示、揭示,也不作任何干扰,只是巡视、观察、关注,学生此时在真求学,暴露的是真正学习中存在的问题。"后教"时,教师不立即出场,而是"踢皮球",引导学生通过相互研究来解决问题,这是在引导学生真正进入学习的角色,做自己学习的主人,自己的事依靠自己解决,依靠同学解决。只有学生真

的不能理解和解决问题时,教师才对学生进行"教",这里的"教"不是传统意义上的讲,而是启发、点拨、诱导。这是真正分析与解决问题,是围绕学生出现的问题来教的,所以,这样的教学能使学生理解深刻、掌握持久,达到学会与会学。

"当堂训练"时,教师给学生充足的时间,就像考试一样,让学生独立、认真地练习,从而达到巩固、深化、运用、迁移之目的,达到孔子所讲的"温故而知新"的目标。这是在真正训练,在训练中进一步发现问题,从而为下一步的辅导提供最真实的资料。

②教师在课堂上的表现是真实的

教师在整个课堂上,从出场到离场的表现都是公开与真实的,没有表演的成分,有的只是实实在在的行为。"先学"时,教师直入主题,提出学习目标,提供学习策略,然后走近学生、巡视学生、观察学生,发现学生存在的真问题,想方设法地解决学生存在的真问题。"后教"时,教师不立即讲,而是积极引导学生自己先解决问题,先在同学之间相互解决问题。这是在真正培养学生,只有当学生个体、学生集体不能解决问题时教师才出场。这时的出场,如同救火,及时、到位、准确,有针对性地解决学生存在的真问题,这是真正从学生实际出发的教学。"当堂训练"时,教师不是随随便便地出题,而是选择"先学"与"后教"中出现的共性的有规律性的题目,针对学生存在的问题及时地调适,从而达到真正训练的目的。"当堂训练"不能在课后进行,而一定要在课堂上进行,这就确保了课堂检测的真实性、准确性,从而最为真实地了解课堂、了解学生,为后面的教学奠定最真实的基础。

③学生在课堂上的表现是真实的

学生在课堂上的表现不仅体现在学习成绩上、习得的知识上,还体现在个人的真实发展上。新课改要求围绕三维目标展开,促进学生的发展。事实上,"先学后教,当堂训练"课堂教学模式就是着眼于三维目标的。它一开始就提出了学习目标,有知识的目标,能力的目标,情感的目标,这是学生行动的方向。在接下来的自学阶段,学生运用教师提供的最有效的策略用心学习。只有用心学习，才能解决问题，获得发展，更何况教师在时刻关注着。久而久之，学生通过训练就形成了习惯。当学生遇到问题时，不是一味地求助别人，而是首先发挥自我的能动作用，尽最大的可能去解决问题，这就有利于学生自我能力的培养，如果自己解决不了，就向其他同学请教，这也是最真实的解决问题的方法。只有到了最后，学生向教师请教，教师才"被迫"出场。教师此时是为解决学生问题而出场的，学生自然就更加认真，更加努力，从而就能真正地学到知识。在课末的"当堂训练"中，学生的表现更是真实的，因为这时的学生训练就像考试一样，不允许翻阅，不允许交头接耳，只能依靠自己来解决问题。不管学生会还是不会，最终的结果都是最为真实的，都能展现学生自己真实的劳动成果，从而为课后再提升、再努力提供真实可信的内容。

真实，还表现在其他诸多方面，如自主的真实，互动的真实，探究的真实，等等。

(2) 紧张

紧张不等于慌张，也不是害怕，是为了完成某个使命而不懈努力，全神贯注，知难而进，主动求索。紧张不是手忙脚乱的行动，而是高效有序的行为。只有紧张，学业才精，德行才成，发展才行。

(3) 有序

揠苗助长的故事告诉人们，万物皆有始有终，有前有后，只有遵循事物发展的内在规律，人的主观能动性才能得到有效的发挥，才能把事情做好。违背规律，忽视客观规律对主观能动性的制约，片面强调个体的主观能动性，不按规律办事，是注定要失败的，只能使事情变坏。古今中外诸多理论以及日常生活的常识无不告诉我们，只有找到事物内在的联系，遵循其内在发展的规律，才能实现预期目标，获得最大的效益。

也就是说，我们在行动过程中，要从规律出发，从事物内在关联出发，使一切行为变得有序，只有行为做到有序，过程才能精彩，结果才能高效，发展才能成为必然。

所以，有序不是指表面的有次序，不是"1—2—3"或"首先—其次—最后"这种简单的顺序,而是指符合教学规律的教学之序、学习之序、发展之序,这是课堂学习质量的重要保证。

(二)"三三六"课堂教学模式

1."三三六"课堂教学模式的内涵

这个模式的前"三"是指关注个体差异;鼓励主动参与;促进和谐发展。

后"三"是指自主学习的"预习—展示—反馈""三大"模块。预习模块主要任务是明确学习目标、生成本课题的重点、难点并初步达成学习目标。其基本过程是学生根据自学后对文本的把握,教师根据对课程标准的把握,通过师生共同讨论,预设学习目标。然后,学生再通过自学、生生互动、师生互动等形式初步达成预设的目标,并对自己找出的重点、难点问题进行深入地探究,在此基础上不断生成新的学习目标,为展示课做准备。有了这样充分的预习课,展示课上学生的表现就不足为奇了。

展示模块的主要任务是展示、交流预习模块的学习成果,并进行知识的迁移运用和对感悟进行提炼、提升。本阶段的基本形式是以个人或小组为单位回顾预习情况,进行组内、全班的展示和交流。通过形式多样的师生、生生互动学习、感受交流,根据学习进程,不断生成新的学习目标。

反馈模块的主要任务是对前面的课进行反思和总结,对预设的学习目标进行回归性的检测,本环节尤其突出"弱势群体",让他们说、谈、演、写,进一步检查三维目标的落实情况。这一环节主要利用好"兵教兵""兵练兵""兵强兵"战略,促进全体学生的发展。

"六",即展示模块"六大环节",分别是预习交流、明确目标、分组合作、展现提升、穿插巩固、达标测评。预习交流,明确目标环节,可以通过学生交流预习情况、明确本节课的学习目标来完成;分组合作环节就是教师口述将本节课学习任务平均分配到各小组,一般情况下每组只完成其中一项任务,各小组根据分配的任务,通过自学、合作学习完成学习任务;展现提升环节就是各小组根据组内讨论情况,对自己组的学习任务进行讲解、分析、透彻理解、拓宽延伸等;穿插巩固,各小组结合组别展现情况把自己组没能展现的学习任务进行巩固练习；达标测评，教师以试卷或纸条的形式检查学生对学习任务的掌握情况。

"预习交流、明确目标、分组合作、展现提升、穿插巩固、达标测评"六环节，教师的讲解不多于 10 分钟，学生自主学习超过 35（分钟），简称为"三三六"或"10+35"模式。这种教学模式的指导思想是：相信学生，依靠学生，解放学生。

2. "三三六"课堂教学模式的特点

"三三六"课堂教学模式的特点是立体式、大容量、快节奏。

(1) 立体式

所谓立体式就是"教学目标、教学任务"所体现的新课程要求的三维立体式，将学习任务分配给每个同学、每个小组来完成，充分调动每个学生的学习主体性，发挥每个小组的集体智慧，展示模块就会有不同层次、不同角度的思考与交流。

(2) 大容量

所谓大容量就是以教材为基础，拓展、演绎、提升，通过各种课堂活动形式来展现，如辩论、小品、课本剧、诗歌、快板、歌曲、绘画等。整个课堂显示内容饱满，演练充分，时间紧张。

(3) 快节奏

所谓快节奏就是在单位时间内，紧扣学习目标和任务，通过周密安排和师生互动、生生互动，较快地达到预期的教学效果。

第二章　打造小学语文高效课堂的实践研究

第一节　小学高效课堂与传统模式的对比

一、培养模式的对比

（一）更加凸显学生的主体性与教师的主导性

传统的课堂中，依然是以教师的讲解与相关的练习巩固为主旋律，旨在紧扣教学目标，机械地让学生在一节课上完成相应的学习任务。虽然对学生的思想品质有所涉及，但在过于强调语文知识本身的过程中就已经淡化了对学生品质的培养。而小学高效课堂教学模式在依案自学—交流展示—精讲点拨—巩固练习—总结评价五个环节中，则是环环相扣，充分体现了知识的生成过程和学生的积极参与，学生的课堂参与度得到提升，突出了学生的主体地位和教师的主导作用。依案自学旨在利用导学案调动学生的主观能动性，让学生自主、自觉地投入学习的过程，在学习的过程中解决自己能够解决的简单问题，并发现自己不能解决的问题。传统课中情境导入环节虽然学生也参与其中，但这依然是在教师的课前编排牵引下活动。交流展示环节是在课堂上让学生在相互交流讨论完成之后，由学生自己展示出自己的学习成果。这充分把课堂还给了学生，让学生成了课堂的主人，学生得到了充分的锻炼，思维得到了拓展，同时也获得了知识。传统课堂上讲授新课环节自然是教师在主讲，学生在听讲，即使有学生回答问题，也是教师的机械安排，对于学生是否已经把知识学会，教师则多半停留在以往的教学经验上。精讲点拨环节中，则是由学生经过讨论交流之后,把一些疑难问题反馈给教师,由教师根据课堂实际需要进行适当点拨,充分体现了教师的引导作用。但传统课堂的典例讲解则依然是在教师课前设想好的一类问题的体现,至于学生对这类问题究竟是否已经掌握,事前未能知晓。巩固练习环节中,教师根据学生的问题在精讲点拨之后再一次引导学生进行强化。而传统模式的巩固应用则依然是在没有充分了解学生的基础上进行的,仅仅是为完成教学任务而设定,不一定能收到设想的效果。总结评价阶段是由学生来自我总结的,并对本节课进行评价,让学生在课堂上真正的活跃起来,教师则适时进行引导、纠偏。但传统模式下的课堂小结一般由教师简单复述一遍当堂课的相关知识点,最后布置相应的作业,学生仍然未能彻底放开充分参与,思维不能充分开拓,能力也不能充分得到锻炼。

(二)目标指向更加明确,更有操作性

传统模式上的课堂教学目标一般是在新课标中提出的三维目标,即知识、技能、情感态度与价值观的基础上,根据具体课时内容而设定的。但在现实的课堂教学上,教师依然是机械地根据以往的教学经验积累或者是自己的临时想象把生涩的教学内容讲授给学生,甚至是照本宣科(走教材)。至于教学过程中,学生是否真正掌握了要求掌握的知识、技能,则不得而知。对于情感态度与价值观,几乎只是停留在教案的层面,从未真正进入课堂。虽有教学目标的指引,但这种教学模式未能具体明确如何操作,很难真正落实,缺乏可操作性。而通过依案自学—交流展示—精讲点拨—巩固练习—总结评价这五个具体的环节让学生明确具体教学目标,找出存在的问题,通过学生之间的课堂讨论、交流,解决相应的问题。对于难度较大的问题,则根据学生的具体情况和教学需要,教师进行适当的点拨,通过相应的练习,检验学生当堂课的学习情况,最后让学生在教师的引导下做好该节课的总结与评价。整个教学过程前后连贯,学生的目标明确,各个环节具有较强的可操作性,学生充分参与课堂的生成与互动当中。

(三)学生各方面的能力更能得到充分的锻炼

依案自学—交流展示—精讲点拨—巩固练习—总结评价五个环节中,每一个环节都要让学生参与其中,要求学生学会看书、学会交流、学会解题、学会总结,锻炼了学生的自学能力,语言组织能力,合作交流、探究能力,提出、分析、解决问题的能力,语文思维、组织点评等各方面的能力。这既让学生学到了知识,又在课堂参与过程中,让学生体验到获取知识的快乐,得到肯定的激励,增进学生之间、师生之间的感情交流。通过具体的学习操作过程,学生在能力、情感等各方面都能够得到较好的锻炼与提升,实现了学生素质教育的培养。

二、教学媒体的对比

不同的教师在讲授相同的课程内容时常常选取不同素材使用不同的方法,课堂教学的组织也往往因人而异,因材施教。因此,选择好的教学媒体进行教学,对于实现小学高效课堂教学大有益处。教学媒体具有吸引注意力的作用。例如,生动的画面和形象、动画、特技效果、声音效果、清晰的信息等,都能激发学生的学习兴趣,促使学生积极思考,主动参与课堂活动中来。大部分媒体可以在较短的时间内,向学生呈现和传递丰富的信息,并调动其各种感官,使其容易接受和理解。特别是在应用精心设计的教学媒体软件进行教学时,可以收到更佳的教学效果,这对于提高语文教学质量和教学效率的作用是显而易见的。因此,教学媒体的选择与更新,对小学语文高效课堂的实施具有重要的影响。

(一)让枯燥的语文更加生动起来

相比其他学科,语文是枯燥性更强的学科,特别是小学阶段,学生要逐步适应课程学习,教学媒体的充分、灵活的应用,则能够尽可能将原本躺在语文课本中冰冷、生涩的知识内容生动地展现在学生面前。相比原先的粉笔、黑板,在小学高效课堂模式的推动下,学校花费大量资金购置了电子白板、多媒体投影设备,实现了网络校园全覆盖。现如今,随着科技的进步和时代发展的需要,教师手上拿着平板电脑,口袋装着备好课件、资料的U盘,就可以进入课堂,在课堂上随着鼠标的移动、荧光笔的点击,电子屏幕上随着课程的推动呈现出课堂所需的教学情境、学习内容、重点、难点以及语文课程中极其重要的图像和变换。特别是几何画板和flash等相关软件的充分应用,让原本抽象生涩的语文活起来了。整个过程中,教学知识通过各种媒体的展现变得更加清晰易懂,让语文"活"起来,让学生在整个过程中充分参与其中,让学生动起来。

(二)学生学习的效率更加高效

小学高效课堂的最大特点就是在限定的40分钟内,顺利完成设定的教学任务,学生能够轻松愉悦地学懂当堂课应该掌握的知识,并能体验到获得知识的成功与喜悦。如果教师仅仅增加了课堂容量,而学生却没有学懂相应的知识,没有获得知识的过程体验,对知识点似懂非懂,给学生以后的学习造成麻烦和障碍,这样的课堂仍然不是高效的,而是低效甚至无效的。以往在传统教学媒体的支持下,主要是以教师的讲授为主。一个教师即使再能讲,讲得再好,他也只能在40分钟内讲到非常有限的知识,而且学生还不一定能够完全接受(要求学生40分钟完全不走神几乎不可能)。一旦教师节奏稍微加快,学生很有可能跟不上,这种课堂是很难高效起来的。而现在探究的小学高效课堂模式,要求教师课前精心编制好导学案,让学生利用导学案,把自己能解决的问题都在课前解决了。课堂上,教师通过制作好的课件,引导学生小组交流讨论,充分利用教室的前、后黑板进行自我展示。学生还可以利用电子白板亲身感受知识的生成过程,通过投影设备把同学交流、讨论的成果展示给全班同学,让每个学生在课堂上都能参与进来,调动学生的积极性,增强学生之间、师生之间的交流互动。对于学生经过交流讨论未能解决的问题,教师则通过生动、形象的精讲点拨,为学生释疑解惑。这种模式既让学生学到了较多的知识,又让学生愉快充实地参与课堂学习,同时学生各方面的能力也得到了充分的锻炼。这与小学高效课堂的出发点和目标是相符的,让课堂更加高效起来。

(三)有助于学生各方面能力的培养

通过多媒体辅助教学,可以把抽象的内容及某些实验利用二维或三维的图像、动画进行模拟,给予直观的呈现。利用图形、图像、动画、文字和声音等多种方式向学生提供丰富的感性材料,特别是可以把从文字材料获得的概念转化成直观的形象,把无法演示的实验形象化,通过直观的视觉来帮助学生理解,极大降低了难度,使学生深入认识问题的本质,从而使教学难点顺利突破。这样,学生利用多种感官同时进行学习,教学的信息丰富,学生能够获得的记忆表象得到提升,想象力在长期的培养过程中也能得到发展。同时,利用多媒体很好的交互性,让学生充分参与交流、讨论,学生的组织、交流能力也能得到很好的发展。通过信息的大量呈现和学生的积极参与,可以让学生有充足的时间与空间进行创造力的培养。

三、课前准备对比

(一)学生更加清楚学习的目标和方向

在课前准备阶段,学生以往仅仅是根据开学初学校下发的教材和相关的教辅资料进行预习。至于预习什么内容,大部分学生也只是根据学习经验,或者打开书(资料),翻到哪就看到哪,具有极大的盲目性。还有一些学生因为自身能力的局限和自觉性较差,干脆就不预习。到了课堂上,由于预习的不到位,学生只能自己尽可能地听教师讲,即使教师要求学生参与问题,学生也缺乏自信,不能充分参与进来,课堂效率自然就比较糟糕。而在小学高效课堂模式下,学生课前要根据导学案进行教材阅读,认真地完成好导学案,找出重难点,对一些疑难问题进行标注,订正好教师批改的导学案,在课前做足功课,明确课堂的目标和方向,为课堂的高效性奠定基础。在课堂上,学生可以根据自己预习的情况,进行大胆的讨论交流,对于已经掌握的问题,敢于在课堂上进行展示、解析,并充分参与课堂中,体验到获取知识的快乐。

(二)教师更加清楚学生学习的具体情况

备课是教师教学工作的重点内容。课前准备阶段,教师最主要的任务就是备课。而传统备课的重点就是熟悉教材,写好教案,这都是以教师的主观想象和个人经验为基础的,其结果往往是教案与学生的问题脱节,教师与学生各自为政,互不往来,没有交流,最终导致学生自己学自己的,而教师自我陶醉在书本的知识点中,至于学生一节课下来到底学了什么,一点都不清楚,一到考试才发现,原来学生还有很多都不懂,时间却已经过去了,这种课堂应该叫低效课堂。而按照新课程标准的要求,备学生则是备课的关键。教师在充分研读教材和课标的基础上,结合教学实际情况,通过提前编写好导学案,发给学生进行预习,让学生清楚本节课的目标及相应的知识重难点。导学案在学生完成好之后,教师再收回来进行认真细致地批阅,了解学生预习的情况和对课堂教学内容存在的主要问题,最后再精心组织教案,把上课需要的课件和相关素材准备好。这种备课模式是紧紧围绕着学生,以学生为中心,师生之间在课前通过导学案已经开始了交流与对话,学生开始参与到课堂中了。在师生相互交流之后,彼此都熟悉了教学的内容、主要存在的问题,有针对性地解决问题,课堂效率自然就高起来了。

四、教学时间安排对比

(一)把更多的时间还给了学生

传统模式的课程时间安排中,学生从早到晚的时间几乎都是在上课,几乎没有自己可以利用的学习时间,在自主学习过程中,时间很难有保障。而高效模式的时间安排上,我们可以明显地看到在上午和下午的中间时间段,都有一个大约半小时的自主学习时间。这半个小时看似不长,但对于课程繁杂的小学生而言,却显得弥足珍贵。

(二)时间的设置更加科学合理

以往的课堂是45分钟一节,而如今改为40分钟一节,这种时间分配设置是有较大的益处的。心理学研究表明,学生集中注意力的时间一般都在 40 分钟左右,如果超过 40 分钟,学生就比较容易走神。因此,把课堂时间改为 40 分钟,可以让学生在课堂上更加集中注意力,学习效率更高。同时,课间的 10 分钟休息可以让学生得到缓解疲劳的作用,为下一节课做好充分准备。所以,一个高效率的课堂,课堂的时间分配安排也非常重要。

第二节　打造小学语文高效课堂的过程

一、依靠行政力量,明确指导思想

针对学校学生学习能力差,教师教育观念相对保守的现实状况,推行小学高效课堂必须依靠行政力量,采取自上而下的改革。确立"为学生成长奠基"和"学校发展,我的责任"的教育理念,明确以打造小学高效课堂模式为依托,实现学校跨越式发展的目标。学校应组织全校教职工学习小学高效课堂内容,领会小学高效课堂内涵,使大家充分认识学校应构建小学高效课堂的重大意义。

语文组由学科组长即语文教研员带头,组织小组成员,深入研究讨论适合小学语文学科的高效课堂模式。小组集中学习了小学高效课堂的相关理论和教学实例,阅读研习《高效课堂九大模式》《全脑激发的高效课堂:"四合一"主体教学模式十年实验成果》《教师观察力的培养:通向高效教学之路》《培养造就优秀教师——高效能教师的十大特征》《高效课堂 22 条》《高效课堂八讲》等名师的论著。语文组全体成员统一思想,达成共识:必须坚定不移地开展落实小学语文高效课堂。

二、依据高效内涵,制定评价标准

明确实施小学语文高效课堂的重要性后,学科组根据小学语文高效课堂的内涵和相关原则,制定语文课堂教学评价标准,以语文评价标准为导向,引领广大语文教师进行实践探索和反思。

三、了解学生实际,制定相关策略

小学语文高效课堂教学活动开展以后,语文组教师的思想发生很大变化,经常会展开激烈的讨论。影响制约课堂教学效率提高的因素有很多,针对组里各位教师提出的实际问题,教师认清自身责任,不避讳,反思个人的教学实践,勇于承担责任。其中,一个较有效的策略就是设计了语文课堂阶段性调查问卷,从而客观地了解小学语文高效课堂不同阶段的开展现状。

四、教师集体备课,重点研究学生

语文组采取集体备课这种有效的方法。教师认真研读课标,吃透教材。教师对照语文课程标准,从整体上把握教材知识体系、脉络结构和各部分之间的联系,把握教材的重点和难点以及编者意图,把握课程整体目标和阶段目标,真正做到理解教材、吃透教材、活用教材。以解决问题过程的活动线索和学生心理发展过程、活动训练为线索来设计教学,力争让每一节备课都能做到目标明确、重点突出、方法得当、结构分明、富有内涵,形成有个性、有创意的教学设计,为构建小学高效课堂奠定基础。

最终,我们形成了"四环节备课模式",即个人"初备"—集体"同备"—个性"课案"—课后反思。其中,个人"初备"可以使教师广泛地吸纳相关资料,提出不同的教学设想,经集体研讨后更进一步明确教学内容,再由教师根据各自班级学生特点和自己的教学风格在集体"课案"的基础上形成个性"课案"。

备课这一环节我们特别强调备学生。如果教师不去研究学生对所教内容的掌握情况,不去研究学生的个体差异,一切从课本出发,课堂教学的适应性就会大打折扣,课堂教学的高效更无从谈起。语文教师大都担任班主任工作,这使得语文教学活动开展能相对其他学科更贴近学生。

教师把学习与教学细化到每一个学生,大致把学生分成这样几类:第一,活而有序型。这类学生要注意开阔知识面,加大培养能力的力度。可以指导他超前学习,将其培养成班级的学习标兵、骨干、榜样,起一个排头兵的作用。第二,活而无序型。对于这类学生,要帮助他制订学习计划,加强习惯培养,注重严谨性的训练,强调持之以恒,形成良好有序的学习习惯。第三,仔细严谨型。这类学生要注重于应变能力的训练,培养其灵活的逻辑思维。第四,不求甚解型。这类学生要加强注意力训练和毅力训练,从细节做起,学会科学地学习、训练,抓好学习中的各个环节,如新课预习、认真听课、独立作业、及时复习等,一步一个脚印,踏踏实实地学习,一点一滴积累。第五,凌乱无章型。这样的学生要从基础入手,查漏补缺,由易到难,由浅入深,一步一步做起,同时注意做好课堂笔记,学会整理复习,逐步消化知识,构建知识体系,形成正常的学习习惯。第六,故步自封型。这样的学生要从心理做起,努力克服自以为是的思想,学会分析对比,打破固有的讲话思维,有意识地进行反思,分析产生错误的原因,在教师指导下多做一些开放性的问题,在日常生活中多交朋友,在交往中逐步改善自身的弱点,完善自己。第七,傲慢自大型。这类的学生要从事实中得到教训,明白"谦虚使人进步,骄傲使人落后"的道理。骄傲是今天也是未来的隐患,学生在日常生活中有意识、有目的地克服傲慢心理,从一点一滴做起。"一屋不扫何以扫天下",成功是完美地处理日常小事后的升华。分清傲慢与自信的区别,克服傲慢的同时,保持适当的自信。第八,好大喜功型。这样的学生对自己的要求不切合自己的实际,盲目提出目标。对此,要重视基础训练,落实学习中的各个环节,把远大的理想同日常的学习结合起来,将大目标分解成一个个小目标,一步一步努力,通过小目标的完成逐步走向成功。第九,懒惰怕苦型。指导这类学生的关键是学习态度问题,从端正学习态度,树立正确的世界观、人生观、苦乐观抓起,逐步培养学习兴趣,把学习当作一种乐趣,自觉接受家长、教师、同学的监督,随时改正。第十,随波逐流型。这样的学生没有学习目标,没有学习动力,心情好时就学,过一天是一天。教育这样的学生要从树立正确的世界观、人生观做起,确立学习目标,培养语文学习兴趣,接受教师、同学的监督,从日常做起,形成良好的学习习惯。第十一,逆反厌学型。

对这样的学生要花时间和心思与之交往,了解清楚逆反心理和厌学心理产生的原因,找出根源,再对症下药去解决。明确学习目标,树立正确的世界观、人生观,端正态度,珍惜时间,从点滴做起,尽力弥补差距,接受教师和同学的监督,自觉抵制社会不良风气的影响。掌握了学生的特点,对于不同心理特征、学习特点的学生,要采用不同的教学方法,区别对待,这样才能提高课堂效率,促进学生成长,建立真正的小学高效课堂。

五、课堂具体授课,坚持一定原则

(一)坚持"有序课堂"

小学高效课堂是教学秩序井然的课堂,这是构建小学高效课堂的保证。我们提出"只有管得严,才能教得好"的口号。教师要做到:预备铃声响后,调整好心情,愉快地站在教室门口,关注每个学生。若发现有缺课学生、迟到学生,下课后与班主任联系。上课铃响后,精神抖擞,面带微笑走进教室,互致问候。课堂上如发现学生不遵守纪律,可采取目光示意、语言警告等形式,巧妙处理偶发事件,严禁体罚和变相体罚学生,严禁让学生停课。同时,按时下课。严格要求学生:预备铃声响后,将书本和文具放在课桌的左(右)上角,停止讲话,坐姿端正,等待教师上课。课上集中注意力,专心听讲,勤于思考,积极参加讨论,勇于发表见解。严格执行《学校日常行为规范》,不得将手机等通信工具带进课堂。课上不准吃零食,不准做小动作,不准随便讲话,发言要举手,经教师允许方可回答。不妨碍他人学习,尊重教师,服从教师的教导。认真独立完成教师布置的学习任务,真正做到"堂堂清"。

对我校的学生而言,小学时教师就不断强调的纪律问题,他们也是需要时间适应的。开展小学高效课堂前一些学生学习目标就很不明确,可想而知"学生不学习会做什么"。睡觉者有之,看课外书者有之,交头接耳者有之,吃零食者有之,听音乐者有之,是"不亦乐乎"啊!学生自己心里也明白,时间被浪费了,情绪焦虑,心里充满负疚感。我们教师善于把握学生的心理,抓住开展高效的时机,坚持不懈地帮助学生不断克服自身毛病,逐渐地培养学生良好的课堂学习习惯。

(二)坚持"先学后讲"

给予学生思考的时间,培养学生自主能力。这样的改变对于教师来说是最难的。因为对于基础较差的学生,教师已形成了"一言堂"的习惯,唯恐讲得不够全面,讲得不够到位,生怕落下任何一个知识点,以至于知识点讲得过细,例题讲解得太多,学生基本没有思考的余地,没有自己学习和消化的时间。教学中我们多是依靠"时间加汗水、日光加灯光、时间加揉搓"的方式。教师一直担心,如果"先学后讲"的话,教学进度能否完成。小学高效课堂开展之初,有的语文教师还是忍不住要多讲点儿。这时有的学生提意见了,他们更喜欢小学高效课堂的教学方式,教师适时改正,按照集体备课要求上课。经过一段时间,效果就显现出来了。高效语文课堂中,教师必须把课堂还给学生,学生才是课堂的主体,因为有了更多的自学时间,学生思想丰富,比从前活跃多了,语文课堂就出现了生机。

(三)坚持"以学生为本"

学生特别需要关爱,学生承载着改变自身和家庭命运的双重使命。学生学习成绩不佳,自我约束力差,他们多是自尊而又敏感,时"好"时"坏",亦"邪"亦"正",教师没少操心,没少费力,也有叹息,也有抱怨。小学高效课堂改变了教师的学生观,教师仿佛经过了一场思想的洗礼,重新审视自己的职业道德。学生不应该再是我们抱怨的对象,而应该是语文教学的起点和归属,是我们语文教学旅途中的伙伴与分享者,是我们语文教学成果的承载者。过去我们更多的是关注班级的前几名学生,因为他们考上大学的机会更大,更能代表我们的教学能力,而现在我们试着关爱每一个学生,让每个学生都参与到课堂中。通过合作探究的学习方式,鼓励同学之间互相关心、互相爱护、互相帮助、互相鼓励。每一天,每一堂课,我们用鼓励的眼神、关心的话语,去欣赏与关爱每一个学生,帮助他们克服和解决各种各样的具体困难和问题,珍惜难得的师生缘分,一时间师生关系是那么的融洽和谐。

六、根据教学实践,提出高效模式

小学高效课堂理念从提出,到实践,到反思,到总结经验,再到实践的检验,全体语文组成员,兢兢业业,勤奋耕耘着。"小学语文高效课堂"对语文教师来说毕竟是一个新课题、一个大课题、一个有难度的课题。经过一段时间的勤奋实践,我们针对有些课型提出了语文高效教学模式:导学、精讲、睿能、建构。

导学:"导"是引导,要激发学生的学习兴趣,"导"是指导,要指导学生学习。"学"是指学生自主地学、主动地学、"被动"地学。"被动"地学是强调"不学不行,不会我帮你"。这样的提法也是针对学生实际情况而言的,有的学生有这样的想法:"我并不想考大学,只要小学六年能坚持下来就可以了。"因此,我们教师要做学生的思想工作,用教学艺术吸引学生。

精讲:就是以完成教学任务和学生的实际水平为依据,以科学的艺术教学方法为手段,用最精练的语言,在最恰当的时候,讲解学生最需要讲的内容。

睿能:是指培养学生运用知识的智慧和应用知识的能力,它以科学的艺术训练措施为手段,教师选择典型的有针对的适量练习,拓展延伸教学内容。

建构:在教师的指导下,学生自己在小学阶段建构完整的语文知识体系,并能很快、很好地掌握。

第三节 小学语文高效课堂的教学策略

一、小学语文高效课堂构建措施

(一)巧用信息技术,辅助科学教学

1.利用信息技术创设情境,引发心灵共鸣

小学的学生对于自身周围既好奇又熟悉的态度决定了其生活情境的刺激发展性。若是太过陌生,则会让学生产生恐惧感;太过熟悉,又难以激发学生的学习热情。所以,教师可以通过多媒体手段,创设一个学生生活的情境。例如,在学习《邮票齿孔的故事》这一课时,教师可以将学生见过或没见过的图片通过幻灯片来展示,让学生感叹的同时,对本课充满期待。以邮票的齿孔作为课文学习的导入,引发学生的共鸣,进一步介绍邮票的齿孔来历。通过多媒体信息技术,对学生进行内心渗透,会让学生产生"原来如此""和我想的一样"的想法,将学习与学生的周边生活紧密结合起来。

2. 利用信息技术激发兴趣,培养科学情感

信息技术还能够激发学生的兴趣,让学生对事物产生积极的科学认知观。仍以《邮票齿孔的故事》学习为例,教师可以通过 flash 动画,将有齿孔的邮票撕开过程和无齿孔邮票的撕开过程进行对比播放,让学生最为直接地体会到课文内的描述。小学的学生对于动画的热衷度十分高涨,当教师在讲台上放映这类动画时,学生的兴趣会被高倍激发,不仅对所学课文有所了解,更对教师能够做出他们喜爱的动画而兴奋,这也是在培养学生的科学情感。

3. 利用信息技术丰富教学资源

在这个信息社会,网络资源的丰富度远超教师备课的资料,教师可以小学通过信息技术为课堂提供更为多样和全面的资源。教师进行小学高效课堂的建设有必要抛弃过于古老的课堂资源资料,而是将一些富有时代感的素材拿出来,作为更为科学和贴切的教学辅助材料。学生接触到的不再是老旧的课本素材,而是与时俱进的"新鲜出炉"的最新学习内容,这可以让学生对学习产生更浓厚的兴趣。而教师在信息收集的过程中,也在开阔自身的教学视野,信息技术带来的是教师与学生的共同进步。

4. 利用信息技术变革学习方式,共享智慧资源

建立在网络基础上的计算机信息技术,将更多人的距离拉近了,将更多的智慧汇聚到了一起。学生可以通过网络信息,如 BBS 论坛、贴吧讨论等,对一个话题进行讨论。也许有人会质疑一个小学学生对于网络能有多大的熟知度。但是,事实上,这些小学的学生已经可以通过与网友的智慧共享解答一道道语文难题。而且,网络上多为文字交流,这又变相地锻炼了学生的写作和交际能力。资源共享和知识聚集带来的互动效果,是小学高效课堂的一种网络延伸,在吸引学生注意力的同时,更在潜移默化中影响着学生的脑力活跃程度。

(二)组织分层教学

1.备课分层,面向不同层次的学生

首先在备课上,教师需要在课前做足功课,小学高效课堂的整体计划制订要在备课中完成。特别是分层教育,教师需要针对不同基础和学习水平的学生制定适合的课堂预案,将一个具有弹性的教案拟定出来。同时,对班级内的学生进行分组,根据不同水平的学生制订分组计划,使得备课内容符合不同小组学生的需要,而备课的内容需要跨越不同程度的学生需求。以课文《恐龙的灭绝》备课为例,对于学习能力有待加强的学生,将课堂重点放在对课文的阅读和对生字、生词的熟练练习上;对于学习中等的学生,在备课时将重点放在对课文内容的理解上,在兼顾生字、词识记的基础上,对课文结构进行初步解析和段落分析;对于学习能力较强的学生,教师可以制定一个高于基础教学任务的教案,保证学生在课堂任务完成的前提下,能够对恐龙这一物种进行深入的了解,对恐龙灭绝的原因进行探索,同时对课文中出现的生字、词进行造句练习,对近义词、同义词回忆练习等。

2.目标分层,让不同层次的学生都有收获

经过备课分层后,在课堂上,教师的教学目标也要进行对应的分层,可以将学生分为三个小组,一组为学习能力突出的学生,二组为学习较为平衡有进一步提升空间的学生,三组为学习能力不高,需要进行大量基础巩固的学生。这三组学生是教师课堂的教学目标,教师应正视学生基础差异的事实。对于二年级学生而言,学生之间的差异是客观存在的,而教师便是要对所有学生进行分层分组,对这种差异进行差距减小教育。三个目标的形成,是教师在课堂上的主要教学目标,以求让优等学生精益求精,让中等学生经过努力步入优等学生之列,使基础较差的学生通过勤以补拙强大自身。所以,在小学高效课堂上不存在后进生之说,只有教学目标的差异而已。这样的分层分组,是对学生身心健康的保护。小学二年级的学生已有了强烈的自尊心,若是将所有的学生混为一体进行"大锅饭"式的教学,会让一部分学习能力较差的学生缺少学习下去的动力。教学目标的分层则很好地保护了学生的自尊心,为学生营造属于自己努力

的氛围,让学生有足够的学习动力。

3. 设问分层,启迪学生思维

分层教学的艺术在于教师可以通过不同的情境设置来挖掘学生更深层次的思维能力。教师的问题提出以符合学生的水平为主,不要向优等生提出一些简单的问题,否则没有挑战性的问题不能起到激发学生思维活力的作用,同样对于学习能力较差的一些学生提出一些较难的问题,只会打击学生的思维积极性。而对于学生而言,向教师提问也在锻炼着学生的思维能力和艺术形态。不同学习程度的学生因为自身知识结构宽度所限,提出的问题也总是以眼前急需解决的问题为主,很难提出一些具有深度和思考维度的问题。仍然以《恐龙的灭绝》一文为例,很多学生向教师询问这个生字怎么读,那个生词是什么意思。学习能力强一些的学生则会问一些段落之间的结构问题、课文的中心思想所在。学习优异的学生则会异想天开地向教师提问:现在还有恐龙吗?如果恐龙没有灭亡,还会有我们人类吗?也许这些问题以传统眼光看,已经超出了课本范围,甚至是超出了教学大纲的规定范围,但这种提问的思维广度却是值得教师称赞的。因为这些学生吃透了课文,开始思索更多、更复杂的问题,教师可以做进一步的解答,也可以让学生自己寻找答案。提问的艺术很有可能在课堂上造就一个未来的科学家,学生思维的跳跃性需要得到鼓励,这就是分层教学的魅力所在,能够在有限的课堂时间内完成对不同学生的思维开发和思维刺激。

4. 练习分层,巩固课堂所学

课堂的教学中进行课堂练习也是小学高效课堂的一个重要组成部分。分层教学可以帮助教师充分运用课堂中的知识覆盖能力。对于已经分组好的三组学生,教师在教学中对一组学生可以采用"开发"式教学,辅以必要的指导教学方式,让该组的学生思维不受教师的思维影响,深入课文中去挖掘知识。在《恐龙的灭绝》中,教师放任这些学生以小组的形式自我学习,看看他们能否发现更多的知识点。除去表面的生字、词知识外,这些学生甚至会结合课文图画描述出恐龙灭绝前的那个场景。练习时则是对一组学生以思维扩展练习为主。例如,进行一些写作练习,写一写没有灭绝的恐龙与人类共存的场景等。题目训练上以探究式开拓主题为主，但不能忽视必要的基础练习。对于二组学生，课堂教学中可以采用半开放半指导的方式进行，教师既要放手让他们独自思考课本中的问题，也要对一些关键点进行提醒，防止学生思路偏差，必要的解答保证学生自主学习的成效。在课堂练习上则是以知识巩固和再提高为主，主要对基础题目和提高题目进行练习。对于三组的学生，教师则是整个教学的主要支柱，要对这部分学生进行方案制订和基础的细节教学分配，巩固这部分学生的基础知识。在课堂练习上则是以课本内容地再复习为主，对本文中不理解或不明白的地方进行解疑，题目上则是以基础类题目为主，打好三组学生的基础，使之尽早进入二组。

5. 辅导分层，满足学生个性心理发展要求

在教学辅导上，教师可以通过对已经分层的三组学生的辅导分层，采取不同的辅导手段和辅导内容，这样可以防止在课堂辅导中出现有的学生听不懂，有的学生觉得没必要听的尴尬局面。对于一组的优等学生，可以在辅导时以知识点扩展为主，在基础辅导之上进行实践活动和探究式辅导。这部分学生有着稳固的知识基础，通过教师的点拨辅导后，有更加宽广的辅导域，教师可以要求这部分学生对三组的学生进行教学辅导，这样教师就可以留有较多的精力放在二组学生的辅导上了。教师对于三组的学生，也不能任由一组的学生辅导，毕竟学生之前起到的作用仅限监督。教师对于三组的学生要以一种亲和力来进行辅导，三组学生占全班学生的比例不会太大。这就要求教师在辅导中以情感为主线，挖掘这些学生的闪光点，以此在教师的辅导下转变这部分学生对学习的认识感。二组的学生占据了班级学生的很大部分，毕竟一组和三组的学生在人数比例上还是少数，二组学生的辅导需要教师投入很大的精力，在以基础知识巩固为前提条件下进行增强性辅导，让二组学生多接触一些提高类的题目，让更多的二组学生进入一组之中。

6. 评价分层，培养学生的自信心

学生对于教师对自己的评价很是关注，每一名学生都想知道自己在教师的眼中是什么样子。教师评价的分层能够为学生培养足够的自信

心,让每个学生都有向高一层努力的动力。对于一组的学生,教师可以通过缺点比对让组内学生自行查找缺点,作自我评价和总结,而教师对一组的审查评价应尽量减少。对于二组的学生,教师需要对每一个学生进行系统的评价。因为二组是分层中人数最多、变化最快的一组,所以教师需要站在教学大纲的角度,以素质教育的眼光来评价这些学生的阶段成果和不足之处,对他们提出希望和寄托。对于三组的学生,教师则应以鼓励为主,不是一味地斥责,不是罗列学生的种种缺点,而是对他们的独特之处着重评价,以此为基点鼓励三组学生向二组跨越,甚至可以提出希望有一天班级里不再有三组这个分层组。

(三)布置有效作业

1.检查学生学习基础,了解学情

高效课堂中虽然不存在差生一说,但是由于每个学生之间的学习基础都不一样,这就使得教师在布置作业时,有种有力无处使的感觉。所以,教师需要先检查学生的学习基础,对学生的学情进行一定的了解,这样才能有的放矢。教师可以对学生家长进行随机访问,探讨对学生留的作业的量、作业的度有什么改进的需要。比如,在学习了《雷锋叔叔,你在哪里》这篇课文后,让学生潜意识里有学做雷锋的冲动,这样有利于学生对课文内容更深一步的理解。由于小学生都比较好动,特别是处于二年级的学生,他们不会一直老老实实地坐在桌子前完成作业的,教师可以根据这些学生的学习情况,布置一些动手操作类的作业。以《坐井观天》的学习为例,学生会好奇井里那只青蛙看到的天空到底是什么样子的,教师可以让学生回去做一个实验,卷一个纸筒,然后通过纸筒看到天空是什么样的,不用纸筒看到的天空又是什么样的。学生通过这样简单的实验,能够理解课文中青蛙与小鸟不同的眼中世界的差距是如此之大。根据学生学习特点和学习基础来布置作业,是符合学生自我完成作业需要的,更是小学高效课堂的课外延伸的一个重要点,利用学生的年龄特点和孩童天性,针对不同学习基础的学生可以布置不同的作业,也可以布置合作性作业,如课文的课下角色扮演等。

2.促进学生巩固知识,提升能力

作业的目的是巩固学生的课堂知识,提升学生的个人能力和知识掌握深度,所以在进行作业布置时,教师可以以此为作业布置要求,通过听、说、读、写这四点来进行作业的布置。"听"是为了锻炼学生对于"听"的关注度,包括对其他人说话的倾听,对接收信息的快速处理和判断能力。例如,在学习了《数星星的孩子》这一课后,教师可以要求学生课下听听家长讲的一些故事,也可以从收音机、网络、电视等途径听一些科学家的故事,这种听的过程便是教师的作业,这样可以巩固学生在课堂上对于听的理解程度。而"说"则是将学生由被动变为主动。教师可以要求学生将课堂上听到的故事讲给自己的父母、邻居。以《小乌鸦爱妈妈》一课为例,在学完了这节课后,教师可以让学生把这个故事讲给自己的妈妈,将其中的那份亲情、孝顺之情通过学生自己的嘴讲出来,这会让学生想到自己妈妈为自己所做的一切,不仅深化了学生的情感,更是将这篇课文的主要思想进行了深度地复习。阅读是教师布置课后有效作业的一个重点,可以开阔学生的眼界和思维广度。语文的学习在于积累,阅读作业可以将作业与课外积累进行有效地结合。例如,在学习了《丑小鸭》这篇课文后,可以让学生阅读其他的童话故事,展开自己的想象写一写丑小鸭的其他结局,看看都会有什么样的结局。这样的写作不仅激发了学生的写作兴趣,延伸了小学高效课堂的教学思维,更是锻炼了学生的写作和文字能力。

3.了解学生学习结果,有效反馈

教师的作业布置不仅是为了对学生的课堂学习进行巩固和延伸,更多的是需要接收到学生的学习情况反馈,了解学生到底学到了多少知识,学到的知识是否有偏差,下节课堂上需要在哪些方面着重改变。学生通过作业带来的反馈信息是十分有用的。所以,教师在布置作业时,不能布置一些毫无意义的作业,而是以反馈为目的,有目的地布置作业。针对学生的作业可以留一些有想象力、有观察操作、有收集行为、有实践活动类的作业,直接地关联课堂的作业会引起学生的轻视,不愿完成作业,而这类作业却可以吸引学生足够大的兴趣去完成。小学生特别是这些二年级的学生有着丰富的想象力。例如,在《要是你在野外迷了路》的课文学习后,让学生发挥自己的想象,如果是你在野外迷了路会怎么办,以此为作业,可以构建一个故事,也可以写一篇求生手册,让学生发挥他们不受束缚的想象力,以此来鉴定学生在课堂上到底学到了多少。对于一些观察类的作业,教师可以让学生对一些事物进行细致观察,看看是否与我们的理解有所出入。例如,在学习了《画家与牧童》一课后,学生会从牛的尾巴中了解到一些认为如此的事物并非如此的内涵。教师可以趁热打铁,让学生观察插进水中的筷子是弯的还是直的等小实验,培养学生的科学价值观。对于收集类的作业布置,教师则是鼓励学生对一些社会新闻、国家时政、国外时事进行关注,锻炼学生对收集信息的提炼程度,这比课外阅读理解的作业要有效得多。而教师留的一些实践性的作业,则是对学生的一种释放,以此保证学生的学与玩的兼容互补性。实践类作业需要调动学生全部的智慧进行,是开发学生深度兴趣的关键,将学生融进社会,观察学生的反应能力,培养学生的独自应对能力。

(四)形成良好的习惯,为小学高效课堂保驾护航

1. 会预习

对于高效课堂的构建,教师需要引导学生养成预习的好习惯。教师可以传授给学生一套成熟的预习方法,也可以任由学生自己摸索,但无论哪种都要遵循最基本的预习程序。例如,对《纸船和风筝》这篇课文的预习,教师可以建议学生先读一遍课文,对不认识或不熟悉的字画上圆圈,对不理解的句子划上横线。这些不懂的字和词语,不仅是课后要求学生识记的那些字词,对于学生自己不懂的或有些印象却仍感模糊的一些字词同样要做标记。在标记出这些陌生或感觉陌生的字词后,学生要自己查字典解决,或查看课本后面的生字表,但最好不要让学生问家长。这样是为了锻炼学生对于音序查字法和部首查字法的熟练度,更重要的是培养学生独自处理问题的能力,避免学生形成依赖感。随后,学生需要再读一遍课文,将刚才标记的生字词再读一遍,注意这些生字词最好不要在上方标记拼音,这不仅锻炼学生的短暂记忆能力,更能在课堂教学中达到再次记忆和回顾记忆的效果。第二次阅读会让学生基本了解整篇课文的字词读音,对于那些已经熟记这些字词的学生,可以进行第三次阅读,目的是通过字词、句子来了解整篇文章讲了什么,都有什么,读完最为直接的感受是什么。随后,学生可以对课文后面的想一想和读一读版块进行

预习,想一下这些问题该怎么回答,对于没有准确把握的问题做上问号标记,同时也可以提出一些自己不懂的问题,记录在旁边,以备上课时解决。小学二年级的学生预习课文大概需要半小时,只要让学生长久坚持下来,学生会发现预习后的课文不再生涩难懂,很多问题一点就透,由此会爱上预习。

2. 会听课

课前的预习只是学生在上课前的一些准备工作,在课堂上听教师讲课才是整节课堂的重点。也许很多学生都会听课,但是正是听课环节造成了很多学生出现学习结果的差距。听课不难,难的是会听课。以《纸船和风筝》这节课为例,学生要注意的是幻灯片和讲台上的纸船和风筝,在听课时要注意教师在何时拿起了纸船和风筝,在课文导入中是否有自己当初设定的问题,通过教师的示范阅读,检验自己预习时的字词读音是否正确,在教师讲解课文内容时,对照自己的理解,寻找不同之处,看是自己的思维盲点还是思维偏移,通过阅读反复思考课文的实质表达内容。对于纸船和风筝,不只是松鼠和小熊简单的传达工具,更是二者的友谊见证和象征。当松鼠首先打破僵局用小船传达自己希望和好的意愿时,这时二者的友谊又是什么样的?教师会在这时让学生扮演其中的角色进行"情境再现",而学生最好不要放弃这样的机会,争取扮演一次松鼠或小熊,切身体验一下纸船和风筝传达的浓浓情意,感悟松鼠放下和好的纸船时的紧张心情,咀嚼一下小熊在与松鼠断绝联系后的忐忑心情。通过不同角色的尝试,学生能够体味出与课本阅读不同的味道。听课的艺术在于找到关键点,特别是对课文不理解的地方要及时向教师询问,对当初标记下的问号进行答案寻找。这样的课堂听课不仅锻炼了学生的换位思考能力和为他人着想的思维,而且能够通过简单的文字寻找隐藏在文字下深深的内涵。

3. 会复习

复习同样是小学高效课堂构建的一部分,复习不仅是对前一节课内容的复习,更是对这一阶段学习的复习,包括对生字、生词、句子等知识点的复习。复习可以是学生课下的个人学习行为,也可以由教师在课堂上统一进行。在小学高效课堂思想的引导下，无论是哪一种复习，都需要遵循这样一个模式，即整体复习—开放复习—融合复习。开放复习则是不拘于一定的形式，对重点内容进行复习，学生将自己认为识记度不足的地方着重复习。例如，对于字词类的认识已经足够，可以将复习重点放在阅读和写作上，自己或者向教师寻求帮助找一篇课外文阅读，然后思索这篇文章中可能提出的问题，如何解答这些问题等，也可以对一些经常错的字词着重练习，教师最好不要干预学生，尽量宏观调控好即可。而学生通过这种开放的复习，会逐步养成适合自己的复习习惯，这样更有利于学生的下一步学习。融合复习则是学生可在复习中完成多个项目的复习任务。例如，进行课外阅读时，可以对文章中的陌生字词进行识记，回忆是否学过这些字词，通过字词的含义和句子理解来分析整篇文章的内在思想，通过自我提问、自我回答的形式来实现融合复习的目的，将字词复习、阅读复习、写作复习杂糅在一起，这种复习适合课堂复习活动，是高效复习课堂的首选。需要注意的是，复习可以做少量的复习题，但是不建议通过大量做复习题来达到复习的目的。

4. 会作业

作业一度成了学生最为厌恶的词语之一。自减负的口号提出后，学生的课外作业有所减少，很多学生都感受到了减负带来的快乐，但是作业的减少并不是学生以此浪费课余时间的借口。小学二年级的学生对于时间的观念还没有过多的思维形式，对于能够在下课后多玩一会儿便欣喜若狂。学生对作业的态度往往决定着一名学生的学习态度。所以，作为一名学生，要养成良好的课后做作业的习惯，不要因为懒惰或是没关系等借口将作业留到第二天，这样只会越来越不喜欢写作业，对课堂知识的掌握没有课后作业的巩固，便无法实现小学高效课堂构建的最初目的。学生对于作业，可以选择自己感兴趣的先做，如语文作业中的字词、阅读和日记作业。很多学生不愿意写那几十遍的生字、词，但是却喜欢阅读教师留的那几篇课外文章。有些学生喜欢在日记中记录自己一天的点滴，对阅读的兴趣反而泛泛。所以，先完成感兴趣的作业，再攻克接下来的其他作业。完成作业不是目的，深化课堂学习才是做作业的目的。所以，作业其实就是一个简单的课下复习任务,这样来看待作业能够让学生充满干劲。作业的完成不仅仅包括教师在课堂上留的作业,学生自己也可以做进一步的深化,自己给自己留一些作业,或几个小伙伴之间互留作业,采取自我监督或互相监督的方法来完成作业,这样才能将作业的功能发挥到最大限度。这是小学高效课堂的一种课外延伸和对学生自制力等能力的锻炼。

5. 会总结

会听课和会复习不是小学高效课堂的全部,会预习和会作业也不能保证小学高效课堂效果的达成,学生要学会自我总结。小学生的自我总结能力较差,一般需要借助教师的帮助才能完成。仅针对小学二年级的语文学习,教师可以要求学生在一个阶段写下自己的总结。学生的总结不是日记,不是流水账,需要的是反思和目标确定,这样有利于下一步小学高效课堂学习的适应。总结可以包括以下内容:对这一阶段的学习总结,对生字、生词的识记情况,还有哪些字词到目前为止仍记忆模糊,对学过的课文哪些记忆最为深刻,对其中心思想的理解与教师的讲解有何出入;对这一阶段的活动参与总结,是否积极参与了教师在课堂上的角色扮演小游戏,自己扮演课文角色时的心情,看到其他同学扮演时的内心活动,希望还能参与的课堂活动,希望教师能够增添其他课堂教学活动,如辩论竞赛、阅读比拼、字词识记大竞赛等活动;对自己的思想总结,是否有专心参与到小学高效课堂的教学活动中来,还是只是抱着玩一玩的态度,对待学习的态度包括作业完成度、课堂专注度的反思,总结出思想的进步之处,找出不足待改进之处;对未来的预想总结,为自己划定一个未来,短期内需要实现的目标,以此作为总结的前进动力之处。这样的总结,是对学生写作能力的独自锻炼,更能养成学生对总结、规划、计划类文字的熟练度,使得学生拥有不断自我批评、自我进步、自我完善的觉悟,这是小学高效课堂对于学生内心性格塑造的关键所在。

6. 会记忆

记忆是小学语文学习的重点,也是很多学生难以跨越的一座高山。记忆意味着学生需要背诵课文,需要记住每个生字的笔画读音,需要记住每个生词的含义,需要背大量的好词好句……但是同传统记忆相比,小学高效课堂构建下的记忆内容不再枯燥,学生需要记忆的内容完全可以采用巧计手段进行。会记忆才能真正记住,死记硬背只是一时记住了,记得快忘得也快。教师可以传授学生一套巧计方法,也可以由学生自我摸索,但是总体而言,可归纳为一系列记忆办法。例如,首先培养出对需要记忆内容的兴趣,将这段课文或这组字词进行拆解,找到自己感兴趣的部分,寻找记忆的关键词,也可以由教师进行分层处理,以各个部分为单位进行记忆,还可以通过反复阅读,理解记忆内容的更多含义,或者由教师、其他学生进行阅读,采用听读的方式记忆。学生自己摸索的记忆方法更适用个人,对记忆的帮助是由浅入深逐步深入的,有利于学生以后的记忆深化,可以建议学生记忆一些名师佳作、古诗古词,这样更有利于学生的记忆习惯养成。

二、教学主体:树立小学高效课堂教学理念,提升教师教学素养

建构主义提倡在教师指导下的以学习者为中心的学习,既强调学习者的认知主体作用,又不忽视教师的指导作用,教师不是知识的传授者与灌输者,而是意义建构的帮助者、促进者。小学语文高效课堂是发挥教师主导作用的课堂。但受诸多因素的影响,部分教师既有的教育理念和教育实践对小学高效课堂建设形成了一定的障碍。为此,必须树立小学高效课堂的教学理念,并以此精心设计各个教学环节。如此,才能顺应新课程改革的需要,提升课堂教学的质效。

(一)精心设计教学环节

1.导入环节

教师的导入是课堂教学全过程的开端。它维系着整个课堂的教学的命运,正如一位教育家所言:"良好的开端是成功的一半。"教师的导入不仅为整个教学过程奠定基础,而且也是调动学生学习积极性的重要开端。倘若教师的导入很顺畅,就会起到"一石激起千层浪"之功效,从而为后面

的教学创造良好条件。如果教师的导入不到位,平铺直叙,不能引起学生的"悬念",就会使学生昏昏欲睡,进而影响后续的听讲。因此,小学语文高效课堂不得不根据教材以及具体的学情等,采用不同的导入策略。

(1)开门见山,导入新课

教师上课开始时,开门见山地介绍新内容,提纲挈领地说明教材的大意,或教材的重点、难点。上课伊始就力争调动学生的注意力,使学生迅速进入状态,感知教材。比如,直接展示课程的学习目标,使学生明确学习任务,带着目标直接进入新课的学习,无须过多渲染。

(2)复习过渡,导入新课

我们上课有时要运用已有的知识做铺垫,从而达到传授新知识的目的。复习过渡,导入新课,就是有意识地串接新旧知识之间的相似点和不同点,利用学生已学的知识,以旧带新,温故知新,自然过渡,导入新课,使学生在轻松愉快中学习知识。

(3)设疑造悬,导入新课

设置疑问能调动学生思维的积极性和主动性,激发学生的兴趣,点燃学生思想的火花。制造悬念能诱导学生对教学内容的渴求,高度集中学生的注意力,以激发学生的求知兴趣。

(4)激情引趣,导入新课

教育心理学指出,情感是追求真理的动力,热情是人类进行智力活动的源泉。教师导入新课时,若能用充满感情的语言创设某种具体生动的情境,就会唤起学生的情感体验,引起他们激动的情绪和学习的兴趣。

2.讲解新课环节

(1)紧扣教材,突出重难点

教材是教师进行教学的依据,在小学高效课堂讲授中,应依据课程目标,紧扣教材,围绕主题,突出重难点。有的教师喜欢天马行空、高谈阔论,尽兴发挥,但真正传授给学生的知识却很有限。这种"说话千言,离题万里"的讲授现象应该杜绝。为了凸显重难点,可采取一些策略:对重难点要做好充分的准备,充分预估讲授中可能遇到的障碍,设计好巧妙的解决办法,争取在讲授中轻松排除障碍;同时要做好必要的巩固和练习,及时强化。对于较抽象、难以理解的难点,要多联系学生熟悉的实际,用活生生的事例讲解抽象的东西。对于内容相近、相似,容易混淆或容易误解的难点,教师要引导学生用新旧知识联系、反复对比的方法,从分析比较中辨别正误,弄清难点。

(2)系统连贯,活而有度

信息加工理论认为,人的信息加工能力是有限的,如果教师不顾学生原来的知识基础,讲授内容的线索不明确,没有说明所讲观点之间的相互联系,学生就难以对学习的内容进行加工处理,小学高效课堂的预期难以实现。因此,教师应精心组织讲授内容,并合理安排呈现顺序和步骤,明确新知识内在结构和新旧知识之间的联系。此外,要开展多种形式的教学活动,让学生通过"活"的形式和办法来掌握"死"的知识,完成教学任务。

(3)层次清楚,过渡自然

讲课要讲究条理,讲究过渡,该讲什么,不该讲什么,中间如何过渡,都要充分考虑,以达到连贯讲授,进而使讲授符合逻辑性。如果做不到这一点,想到哪里讲到哪里,势必会拖泥带水,小学高效课堂的效果难以呈现。为此,讲解的环节层次要清楚,过渡要顺畅。

3. 总结提升环节

课堂总结是指课堂在完成一定的教学内容或活动后,教师对知识、技能、思想等进行归纳总结,使学生所学的知识形成系统,并逐步转化成能力、品德的行为方式方法。小学高效课堂的总结不仅可以对教学内容起到系统概括的作用,而且能拓宽延伸教学内容,对提高课堂效率以及学习效率将产生重要作用。因此,可以从下面三个方面做起。

(1)语言精练,紧扣中心

课堂总结的结束语言一定要言简意赅,紧扣本节课的教学中心,梳理知识,总结要点。课堂教学的结束语不可冗长,应是高度浓缩。在短暂的时间内,以精练的语言使讲课的主题得以提炼升华,使学生对课堂所学知识有一个清晰完整的认识。

(2)干脆利落,首尾呼应

干净利落即在内容上不要画蛇添足,在时间上不要"拖课"。"拖课"既不符合学生的生理特点,又会对学生造成思维惰性、心理疲劳等负面的影响。因此,结课要适当照应开头,使学生将零散的知识串联起来,形成完整的知识结构,做到首尾相连,前呼后应,切忌有头无尾,以及互不相连的现象发生。

(3)画龙点睛,升华主题

课堂教学的结尾也是整堂课的"点睛之笔"。为此,小学高效课堂的结尾要让本节课留有余味,突破课堂教学的时空局限。同时,要注意留给学生思考的余地,以激发学生积极思维,培养学生的创造性思维。

(二)灵活呈现教学方法

从现代教学方法层面看,常见的教学方法主要包括问题讨论法、问题教学法、案例教学法、暗示性教学法等。结合理论与实际,小学语文高效课堂常采用的教学方法如下。

1. 传承传统讲授法

教师向学生传授的知识具有严密的科学性,教师只有用准确、简明的语言来表述,才能保证知识传授的正确性,学生才能准确理解知识。如果词不达意或语言含糊不清,就会造成学生思想的混乱,破坏课堂教学气氛,影响教学效果。另外,课堂教学主要面对的是中小学生,教师语言必须符合学生的年龄特征。同时,声调要有高低起伏,语流的速度要适宜,不能过慢或过快。除此之外,语言要注意轻重缓急,讲究节奏。就一堂课而言,起始阶段的语言要新颖有趣,简明舒缓;中间阶段的语言要精彩、飞扬;结束阶段的语言要平稳,突出重点,具有概括性。

2. 精心运用讨论法

课堂讨论是根据教学的重点和难点,拟定讨论课题,大家研究探讨,切磋琢磨,集思广益,共同提高的一种教学方法。这种方式往往是学与思、学与论的结合,对于巩固和加深已有知识起着重要作用。在小学语文高效课堂的教学中采用讨论法要注意两个问题:第一,讨论的问题要有足够的吸引力;第二,教师要全程指导参与讨论过程。讨论前,指导学生搜集资料;讨论过程中,启发引导学生自由发表意见;讨论结束后,为了让学生的认知有一定的系统科学性,教师应总结和概括学生的发言。运用讨论法有利于激发学生的学习兴趣,培养其合作探究的精神。

3.巧妙选用问题探究法

小学语文课中的问题探究法是指教师提出或者教师引导学生提出问题,在教师的组织和指导下,学生通过比较独立的探究,探求问题的答案而获得知识的方法。在小学语文高效课堂教学中,设置问题是否具有明确的指向性是问题探究法最核心的问题。探究问题的过程中,教师要充分发挥引导者的作用,引导学生学会思考问题且要深入思考。问题探究法对于营造充满探究精神和质疑精神的教学情境有很大的帮助。

4.潜心应用情境教学法

建构主义认为知识不是通过教师传授得到的,而是学习者在一定的情境即社会文化背景下,借助其他人(包括教师和学习伙伴)的帮助,利用必要的学习资料,通过意义建构的方式而获得。建构主义者高度重视学习环境的设计,他们把学习环境看成学习行为的容器,是对学习行为的支持。这也是建构主义的各种教学模式都把"情境创设"置于重要位置的原因。小学语文高效课堂教学中适当提供与教材紧密联系的新奇有趣的材料,能够引起学生的好奇心,激发认识兴趣,启迪思维,收到出乎意料的效果。同时,采用一些更易于学生体验的情境,让学生在实验中去印证和体验所学知识,学生思考和追寻的乐趣自然尽在其中。

5.认真贯彻练习法

传统的练习法主要包括对语言的练习、对知识运用的练习和对实际操作的练习等。其中,对知识运用的练习是运用最多的一种方法,但是这很容易陷入应试教育的误区。小学语文课程有其自身独特性,为了突出情感态度与价值观目标的地位,同时赋予练习法更多新意,提高课堂的效率,实现小学高效课堂的构建,可以多采用实际操作练习。

6.合理利用多媒体教学法

学习内容只有通过其物质载体才能对学生发挥作用。传统的物质载体主要是指教材、教具、黑板等。伴随现代教学媒体的出现,多媒体技术被广泛应用,这为小学语文高效课堂的开展提供了很多可选择的技术手段。多媒体技术是利用计算机把文本、图像、图形、动画、音频、视频等运载信息的媒体集成在一起,并通过计算机综合处理和控制的一种信息技术。小学语文课教学主要是帮助学生形成良好心理品质,培养高尚道德情操,掌握正确思想方法的教育,其中不乏一些抽象的概念、深奥的原理等知识,而小学学生的知识能力水平又有限,所以在小学语文课的教学中运用多媒体技术,就能创造一种全新的教学境界。小学语文课教师只有不断地学习、熟练掌握现代媒体技术,并结合教材情况和学情亲自制作课件,才能实现预期的目的。下载的教学软件和课件即使非常优秀,却未必适用所有的教师。因为我们面对的教学对象不同,每位教师的教学风格、教学艺术也不尽相同。所以,要构建小学语文高效课堂,对于年轻教师来说,除了掌握计算机基本操作技术外,也要掌握现代媒体课件制作技术,在自己的教学中不断地融入现代教育技术,不断地提高自身教学基本功。另外,教师在运用多媒体时,其语言要简洁、明快、少而精,进而使语文课得到提炼和升华。

(三)着力完善对话行为

对话行为是师生互动的过程,是师生之间分享信息、观念与观点或者共同解决某个问题的过程。

1.课堂对话的主要功能

首先,诱发学生参与教学。问答给予学生更多的表现机会,可以引发学生注意力及兴趣,激发学生的参与热度。其次,提供练习与反馈机会。师生问答通过练习和反馈两个过程,巩固学生已有的知识和技能。再次,启发学生思维。教师通过设置一些开放性问题,引导学生充分思考问题,并解决问题。最后,促进学生课堂学习向测验的迁移。学生在教师问答时的回答可以直接迁移到单元检测中。

2. 小学语文高效课堂对话行为各个环节的具体策略

(1)积极厘清发问环节

小学语文高效课堂中,教学目标是设计问题的出发点,保证高低认知水平问题的比例搭配合理。问题设置要清晰,措辞要精练、具体、明了,要有逻辑性地连续提问,且问题要契合学生的反馈。同时,鼓励学生提问,采用能调动更多学生参与积极性的问题。

(2)重视留白候答环节

小学语文高效课堂中,教师提问后,要根据问题的认知水平和具体学情,等候3~5秒,给学生一定的时间去思考问题和组织答案。学生回答问题后,教师也需要有一定的耐心去等待,尽可能使候答时间保持在3秒左右。

(3)层层回应理答环节

小学语文高效课堂中,当学生回答正确但表现出犹豫不决时,教师先要对回答给予肯定,然后解释回答正确的理由及所形成答案的具体步骤。对于学生回答不够完整或者不够准确的答案,先要对其正确的部分进行肯定,然后进一步试探地提问,提供一定线索,或对问题重新措辞。对于回答不正确的学生,教师应首先弄清楚原因,根据不同原因分别采取直接指出并纠正学生错误或者依次采取探问、转问等理答方式。学生回答问题怀有恐惧心理时,教师要对其进行精心适当的心理疏导,帮助其树立回答问题的信心。

(四)倾力提升指导行为

在日常的教学中,教师除了创设丰富的教学环境、激发学生的学习动机、提供便利为学生的学习服务外,更应该指导学生形成良好的学习习惯、思维方式,掌握学习策略,同时与学生分享自己的想法和情感,真正成为学生学习的向导。为此,在小学语文高效课堂中要做到以下三点。

1. 重视自主学习指导

自主学习指导即教师通过帮助学生改善自主学习的动机和策略,达到学会自我学习、自我管理、自我调控的目标,保证教学顺利进行的行为。为此,小学语文高效课堂中,教师要为学生的自主学习提供多样的指导行为。如此,学生从中学到的不仅是知识,更多的是优秀的学习策略与良好的学习行为习惯。

2. 倡导合作学习指导

合作学习指导是以异质小组为基本形式,以小组成员合作性活动为主题,以小组目标达成为标准,评价和奖励的依据是小组总体成绩。合作学习对于学生的学习和发展的促进作用体现在:它不仅能增强学生的学习积极性,提高学业成绩,还能使学生的自尊心得到增强,自信心得到提升,对学生学会分享、尊重与合作品质的培养也有很大的帮助。在合作过程中,学生有机会领会人际关系的规范,学会团队沟通的技巧,积累集体生活经验,增强学生人际交往能力与社会责任感。为此,在小学语文高效课堂中要大力倡导合作学习。具体而言:第一,在教学之前要明确目标,准备教学材料。第二,在合作学习前,教师也要做好下列组织工作:告知学生具体的学习目标以及评价标准;根据学习任务及可利用材料的性质来确定小组规模;分配学生到各个小组;为确保指导有效,合理安排教室空间。第三,教师要适当监督介入学生的合作学习过程。当小组对任务不清楚时,教师要重新解释;当小组合作偏离主题时,教师应积极加以引导;当小组活动表现不活跃时,教师应当提供感情支持和鼓励;当小组遇到困难一时无法解决时,教师应进一步阐明任务和教学目标,并提供有助于完成任务的重要方法和策略。

3. 推崇探究学习指导

探究学习有助于学生保持独立的持续探究的兴趣,发展学生提出问题、分析问题以及解决问题的能力,促使学生养成实事求是的严谨态度。探究学习指导在小学语文高效课堂教学中具体表现在:第一,探究学习活动前,应根据学生的发展水平,基于小学语文课的课程标准,用心设计关于探究活动的指导计划,并准备相关资料;第二,实施探究学习过程中,教师对学生的选题要根据实际情况进行筛选,对活动的开展适时引导,让学生亲身经历这个探究过程,为自身自主活动提供机会;第三,探究结束后,教师应该认真组织学生进行反思和交流,点评学生个人和小组的表现。

三、教学客体:践行现代新型的学生观,凸显学生主体地位

(一)积极的倾听状态

如果注意力不集中,高效的课堂效率就很难得到保证。研究表明,成人高度集中注意力完成一件简单枯燥的任务,只能维持20分钟不出错。所以,学生在一节课的后段,往往就会出现注意力不集中的现象,倾听状态比较不理想。另外,学生从一种活动状态进入另一种活动状态时,倾听状态也会比较差。比如,从小组讨论的活动转入听讲的状态。其原因主要有两点:一是学生的注意力维持一段时间后容易疲劳,注意力就容易分散;二是学生没有及时进行调整,容易沉浸在原先的活动之中。所以,在小学语文高效课堂中,教师上课时,一定要关注学生的倾听状态,看看学生是否专心,确定学生把注意力集中到课堂后再开始讲课。特别是在上课的后段,在小组讨论后,在课堂练习后更是如此。如果学生的倾听状态不好,学生自己无法集中精神听课时,教师要采用一定的技术手段吸引学生的注意力。如果教师上课没有密切注意学生的倾听状态,即使事前准备得很充分,课堂效率也很难被保证。

(二)热情的参与状态

学生参与是在教师指导下学生全身心地积极参与教学活动,实现学生主体构建与发展的过程。学生参与状态以及参与程度如何对教学效果有着直接的影响。真正高效的课堂、有效的学习一定是在学生积极参与下进行的。"听来的忘得快,看到的记得住,动手做更能学得好",这句话正体现了参与学习的重要性。积极踊跃、满怀热情地参与到课堂中是小学高效课堂实现的重要保证。基于此,构建小学语文高效课堂必须关注学生的参与状态,不但要看参与的广度——学生有没有都参与到课堂教学中来,有没有参与到课堂教学的各个环节,而且还要看参与的深度——学生是在被动、应付地学习,还是积极主动地探究。

据此,小学语文高效课堂中,调动学生参与状态的具体策略为:要让学生有话要说。学习成绩相对薄弱的学生上课不敢发言,不会表达不同见解,原因在于害怕被教师批评、同学嘲笑。如果教师不去关注这些学生的想法和意见,久而久之,他们会远离课堂,不能参与进去,对学习产生厌烦情绪,成绩也会越来越差。所以,应该通过他们关注、感兴趣的话题,让他们参与课堂。事实上,如果教师能适时、适度把他们身边鲜活的事例引入课堂,他们其实也很外向,也会表达。这时教师再及时进行恰当的表扬和鼓励,就能帮助他们克服自卑心理,有助于提高他们参与课堂的能力。记得五年级时班上有位同学上课时总是很沉默,从来没听过他发言,同学很少注意到他的存在。有一次上语文课时,他的表情有些激动,好像有话要说的样子,老师就请他站起来给大家说说,他起先脸涨得通红,话说得结结巴巴。老师用期待的眼神耐心鼓励他,等他平静点时,讲得有条有理,全班同学送给他热烈的鼓掌。后来的语文课堂上他不再害怕发言,对这门课程也越来越感兴趣,成绩也提升很多。

学生在课堂上只有以一定的参与度做保证,才能证明学生主体地位的确立,否则学生没有参与,或者参与度不够,都算不上是课堂的"主体"。学生的主动参与、乐于探究、勤于动手能力是新课程特别强调和倡导的一种能力,学生没有积极参与的课堂,其潜能是无法开发的,学生的学习积极性更无法提高。基于此,构建小学语文高效课堂的教学中,我们应该尽可能地创设各种能让学生动手操作的情境,尽可能地让学生知识的内化过程有手、眼、脑、口、耳等多种感官的共同参与,让学生的心理活动处于一种主动的、活跃的状态下。这不但能够帮助学生掌握知识,还能培养学生的动手能力以及探索精神,从而使学生集中注意力,学习兴趣被调动,学生作为个体的人的需要得到满足。如此,能够鼓励学生努力成为一个发现者、探索者和研究者。

(三)良好的自主状态

马斯洛的"自我实现"理论告诉我们,人都有"自我实现"的需要,越是在自主状态下,独立地发挥出潜能,获得自我价值的实现,越有成就感,越能成为自由、健康、无畏的人。自我实现是人生追求的最高目标,教育的真正意义就在于帮助学生满足这种追求,展现自己的才能,体验最大的快乐。

"授人以鱼,不如授人以渔",学生只有掌握了学习方法,才能真正掌握学习的主动权,也才能真正体现其主体地位。很多教师在备课时大多数把精力花在"教"的方法上,很少思考学生如何去"学"。如此,即使学生学有所得,也不能从根本上获得学习方法,学生终未得"渔"。其实,学习任何知识最佳的途径都是由自己去发现,只有自己的发现理解才最深刻,也更容易掌握其内在规律。为此,在小学语文高效课堂教学中体现耐心引导自主状态的策略可以从三个方面做起:第一,教师要充分利用启发式教学方法;第二,教师要充分尊重学生的想法,给学生表达的机会,并留充分的思索时间;第三,课堂教学的一个重要环节就是教学评价,教师不要垄断教学评价,而要倾听学生的想法,让他们对学习上的优缺点进行自我评价,各抒己见,使他们的思维形成一个相互激荡的局面。总而言之,教师要有开放的教学思想,在这种思想指导下组织学生活动,给学生提供自主探索、合作交流的时间和空间。只有学生投入积极思考、共同探讨问题、相互合作的自主学习状态中,我们的课堂才会有愉悦、民主、和谐的气氛,才是我们追求的小学高效课堂。

(四)高效的达成状态

课堂不管多么精彩,都要服务于课堂教学目标,而评价课堂教学成功与否的核心指标则是学生学习目标的达成度。所以,对于小学语文高效课堂而言,学习目标的达成度主要侧重考查学生是否切实掌握知识,并能把这些新知识和原有的知识体系融会贯通。同时,考查学生获得知识的过程,观察学生是否积极主动地跟进和投入学习过程,与课堂产生共鸣。另外,还要考查是否每一个学生都能在原有基础上得到最大的进步与发展,是否能使不同层次的学生皆有收获,真正让每一个学生都得到不同程度的发展。

四、教学评价:构建小学高效课堂评价体系,规范小学高效课堂评价标准

(一)评学生学习、主体地位

小学高效课堂与传统课堂的区别就是,课堂是否属于学生,成长的权利是否还给学生,学生有没有真正成为学习的主人,成为课堂的主角。为此,小学语文高效课堂的教学评价要关注以下几个方面。

1. 看学习状态,评自主程度

小学语文课教师主要从以下四个方面看学生的自主状态:一看学习的自由度——学习目标的确立、学习方法的选择、学习过程的监控和学习结果的评价是否体现了学生决定的程度;二看学习的能动度——学生是否积极主动地学习;三看学习的时间度——学生有没有自学的时间,自学时间具体有多少;四看学习的创新度——学生是否生成了新知识、新方法、新感悟。

2. 看交流环节,评合作效度

这一方面主要包括:学生在合作学习中是否能找出问题;在小组交流沟通过程中,相互启发,帮助同学解决问题的同时,自身是否得到提高和发展,是否使每个组员都体验到成功,个体目标和小组共同目标都得以实现。此外,教师对学生的发言要及时点评和点拨,使规律得以揭示,方法得以明晰。

3. 看问题价值,评探究深度

探究学习是一种发现学习。在小学语文高效课堂教学中,有没有体现探究学习深度主要参考三个方面:第一,学生有没有发现和提出有价值的问题,这体现了学生的问题意识;第二,学生有没有展开分析和解决问题的探究过程;第三,学生有没有升华和拓展探究问题,是否创新了方法,获取了知识,提升了能力,激发了情感。

4. 看检测效果,评目标达成度

当堂检测是小学高效课堂检查学习效果、巩固知识、提高能力的重要

手段。小学语文高效课堂教学中,评价当堂检测的效果要看它是否发挥了三个作用:第一,了解每一个学生是否都达到了目标;第二,通过练习引导学生把知识转化为解决问题的能力;第三,让学生暴露问题,把问题作为调整教学的重要信息。

(二)评教师教学、主导作用

教师是课堂教学的组织者、启发者、指导者、传授者。教师越是教之有方,导之有法,学生的主体地位就越能得到保证。

1. 看学案设计,评目标精准度

学习目标的制定和达成,是衡量课堂教学效率的重要尺度。在小学语文高效课堂评价标准中,教师应该合理提出学习目标:知识与能力上的目标要准确、具体,具有可操作性,符合课程标准和学生实际;而情感态度与价值观目标的提出要与教学内容联系紧密;过程与方法目标贯穿始终。此外,看学案设计、评价学习目标是否符合上述目标要求。

2. 看自主学习,评精力保持度

学生积极、有效地参与教学全过程,主动获取知识、构建知识、培养能力,是实现自主学习的主要目标。由此,小学语文高效课堂评价标准中,自主学习主要表现在:自由度高——学生和教师共同"定向",明确了学习的方向和重点。学生能自主选择学习方法,把握学习进度,评价学习效果。能动度高——学生学习兴趣浓厚,全身心投入学习活动,课堂上全神贯注地学习,兴高采烈地讨论,争先恐后地发言。时间度高——课堂上有充裕的自我学习时间,自始至终主动学习。达成度高——学生轻松掌握了教学内容,预定的学习目标得以达成。

3. 看点拨精讲,评时机把握度

小学语文高效课堂以学生的自主、合作、探究的学习为主,对教师的点拨能力提出了更高要求。据此,教师要把握时机,抓住关键。点在关键处,点醒学生的潜能;拨在困惑时,能够拨云见日。评价点拨还要把握时机,看教师是否在重难点处、认识偏差处进行适度点拨提升。

4. 看检测反馈,评目标达成度

检测反馈是检验学生"学"和教师"教"的效果的有效形式。由此,小学语文高效课堂教学中,教师在反馈环节要做到:第一,收集答题信息,反馈达标情况;第二,反馈错误原因,及时纠错;第三,反馈学案的疏漏,找到学案的不足之处,为学案的编写、修订提供经验。

五、定位教师角色,提高语文素养

(一)转变观念,适应时代的发展需要

课堂教学是一门艺术。在教学活动中,教师和学生共同参与的教学活动是复杂的、灵活的一种行为。要想让语文课堂焕发生命活力,打造小学高效课堂,我们的语文就要与时俱进。在大力倡导素质教育,实施新课改的今天,语文教师只有正确把握教育理念,把"以生为本"的理念真正落实到实际的教学活动中,才能适应社会的发展需要。新课程"面向全体学生,全面提高学生各方面素质,促进学生全面发展"的理念已深入人心,一切为了学生,为了学生的一切。眼下,教师们越来越重视学生的学习主体地位,发挥学生的学习积极性,发扬学生的主人翁精神,鼓励学生表达自己的想法和意愿。课堂上不再局限于照本宣科,单纯的知识灌输,而是注重钻研教材,对教材内容进行质疑取舍,根据实际需要对课程资源加以开发利用。课堂上传授知识的过程同时也是师生之间进行交流与情感分享的过程。在这个过程中,师生、生生都是共同学习、共同进步、共同分享的过程。

(二)积极进取,提高语文修为

在新课改背景下,教师务必努力提升自身素养,力求完善自我,这样才能有效地开展小学高效课堂。践行小学高效课堂,要热爱学生,充分相信学生,尊重学生的人格,平等对话。而且要积极进取,提高语文修为。教师首先要自己苦练内功,刻苦钻研,甘于寂寞,这样才能够饱含激情地带领学生学习语文。教师没有准备充足的情感,自身没有沉醉其中,就别

进课堂。确实是这样,教师课前必须备好课。这就要求语文教师多读书。是啊,身为肩负着教书育人使命的教师,如果远离了书籍,远离了阅读,也就意味着知识体系将迅速陈旧老化,意味着教育理念、教学方式的落伍,意味着不合格。总之,新课改下的小学高效课堂,就是要教师明白要给学生教什么,要教会学生什么,怎么样让学生在快乐中习得知识,磨炼自己,提升能力。这就要求我们教师不断地去学习,接受新事物,向新领域不断地挑战,加强自己的专业水平,反思自己。教师亟待加强以下五个方面:教师的职业道德、知识技能、专业自主、专业素质和专业发展。只有具备较强的专业素质和较高的文学素养,方能适应现代教育的需要,真正适应新的教学形势。只有立足课堂、立足学生、不断学习、实践反思,才能拥有高效的语文课堂。

六、从教学实际出发,打造小学高效课堂

为了每个学生的发展,教学要面向全体,不忘个体。教学的广度和深度要适合学生的水平能力和接受程度,与学生的实际相符,同时采用分层要求、分层学习、分层教课、分层指导、分层作业、分层评价等手段,使不同的学生都能学有所得,都能生动活泼、主动健康地发展。在这一过程中,教师应分别遵循"优等生吃得好—中等生吃得饱—后进生吃得了"和"后进生做得了—中等生做得好—优等生做得巧"的教学理念,课堂上不必要讲授很多内容,但必须切中重点;不必要回答多么难解的问题,但必须使学生学会怎样去做;不必非要要求学生写多少生字、背会多少诗词,其目的是必须会实际应用。

(一)课前认真备课,精心策划

要上好一节课,必须在"备"上下功夫。备课"预则立,不预则废"。提高课堂效果的关键是备好课,它是课堂教学的主要环节,是保证教学质量的前提,是强化课堂教学的计划和预见的重要手段,也是提高教师自身素质的有效方式。但是,要成功地备好课并非易事,它必须付出很多努力。

如何做到成功地备好课呢？通过实际经验,老师总结出"六备":一是备大纲。由于课堂教学的根本是按照教学大纲来教学,所以要想备好课,首先必须深刻地理解大纲内涵,认真研究大纲内容,在认识清楚教学任务、目标的基础上,确定教学内容、要求和目的,了解教学的难点、重点。按照大纲内容和内涵以及教学内容,重点选择好训练方式,加强训练强度,保证训练效果。特别是要根据教学大纲任务、目标指导如何备好课,进一步优化教学过程,不断地提升教学效果,把目标体系作为教学备课的指导思想。二是备教材。教学大纲的具体体现形式是教材,在掌握大纲的前提下,需要熟悉、理解、钻研教材,深入地了解教材的基本知识和训练、编写目的、知识内容的要点,掌握课文的体裁、类型。只有做到这些,教课时才能重点突出、提纲挈领、简单明了。从道理上说,就是熟练能够使之巧妙,巧妙能激发人创新。如何能够把教材理解透彻呢？首先必须清楚教材的知识脉络和从属关系。三是备教学活动。它是教学的一种基本形式手段和比较完整的系统,由彼此先后连贯、彼此联系的环节组成。在课堂教学过程中,要掌控好课上的每个环节,环环相扣,做到思路清晰,这样才不会在课堂上手忙脚乱,及时发现问题、解决问题,最大限度地发挥学生的潜能。四是备教学语言。课堂教学语言是一种技能,也是一门艺术。教师向学生传授知识技能、解答问题与师生之间交流感情和沟通信息都必须依靠语言。所以,要求教师掌握语言技巧。首先老师认为,教学语言要用普通话,语言要规范、生动、形象。作为一个合格的教师,不仅需要有广博的学识,还需要拥有敏捷的思维和较高的语言素质修养。与普通语言的不同之处在于,教学语言是通过科学语言、逻辑语言总结凝练形成的,被强烈的情感所熏陶,是优美而形象的语言。教师应用这种优美、饱含情感的教学语言授课,可以强烈地激起学生的情感,充分彰显教学语言的巨大魅力。课堂是个神圣的地方,不能用一些粗俗的语言,也不能使用语言暴力。具体而言,教师可以从三个方面做起:第一,切实提高自身内部修养;第二,锻炼教学语言表达能力;第三,在教学实践中不断地提高教学语言艺术水平。五是备板书、课件。板书是教书育人的一种言语活动方式。它是教师在教学过程中为帮助学生理解掌握知识而利用黑板以凝练、简洁的文字、符号、图表等呈现的教学信息。板书要做到整洁、美观、一目了然。板书的内容要体现以下三点内容：第一，教学内容的内在逻辑结构；第二，教学的重点和难点；第三，教学内容的补充知识。课件是根据教学目标设计的，常见的有多媒体课件，其广泛地运用于中小学教学。形象有趣的课件使得课堂不再枯燥无味，并有效地服务于教学。六是备教具、备学生。教具是一种教学实物器具和科技传媒，以传授科学技术、教书育人为目标，是中小学生开展科技活动过程中必不可少的器材。语文课也会用到教具，有条件的话可以提前准备教具去上课。备学生就是尊重学生。每个教师对自己的学生都会有所期望，而期望是有空间的。世界上没有完全相同的两片树叶，我们面对着每个不同的学生也不可能使用同一种教学方法。任何一个班级的学生，其学习和发展的水平总是有差异的。学者有四失，教者必知之。人之学也，或失则多，或失则寡，或失则易，或失则止。此四者，心之莫同也。知其心然后能救其失也。教也者，长善而救其失者也。

因此，备好一次课，必定是在深入研究学生的基础上实现的。教师必须了解每个学生，家访是一个很好的途径，也可以俯下身与学生去交流。只有深入地了解学生，才能更好地驾驭课堂，做到因材施教。

(二)优化课堂教学模式

1. 利用导学案，自主学习

"导学案"是指导学生学习，帮助学生形成学习能力，满足学生情感需要的个性化学习方案，是学生学习的路线图、好帮手。导学案立足分层原则，在设定教学目标、选择学习内容、设计问题及策略、训练等很多方面都加以体现。基于每个学生的个性特点和全方位发展需求，注重个性化学习，实现共同进步。通过学生自主学习，让每个学生静下心来，研习问题，自主完成基础知识的学习任务。教师做好引领监督工作，指导学生言简意赅,重在启发点拨,鼓励合作探究。学生在教师的带领下对新的内容进行有计划、有目的的提前学习,指导学生养成读书的好习惯,培养自主学习的能力,提高学生的学习积极性。对于语文这门学科来说,导学案显得非常重要。就拿文言文教学来说,有些生僻的字词必须在课前利用工具书疏通字义,有必要时还要阅读一些文献资料。

2. 巧妙导入,吸引学生

一堂课开端是引发学生浓厚的学习兴趣的诀窍。一个好的导语会激起学生的学习兴趣,充分调动学生的积极性。常见的导入有激趣导入、复习、情境导入等。可以通过讲笑话、讲故事等手段来导入新课程,引发学生浓厚的学习兴趣,激发他们的积极性。

3. 合理使用多媒体技术,辅助教学

现代社会,通信越来越发达,建立在网络基础上的计算机信息技术,将更多的人的距离拉近了,将更多的智慧汇聚在一起。教师进行小学高效课堂的建设有必要抛弃过于古老的课堂资源,将一些富有时代感的素材应用在课堂上。资源共享和知识聚集带来的互动效果,是小学高效课堂的一种延伸,可以促进教师与学生的共同进步。信息技术有形有声,有较强的直观性,不但可以活跃课堂气氛,而且能直接揭开事物的本质联系。但一定要把握住度,一堂课绝不能成为幻灯片的展示课,否则会适得其反。

(三)善于反思总结,促进师生成长

有教育家曾说:"在教学方面成功率高的教师更愿意主动创新地反思教学过程的重点要点,包括自身的职业素质、课堂氛围和教育目的。"所以,对于语文教学,要向其他学科一样进行教学反思,这常常被看作是教师职业素质提高的关键因素。作为语文任课教师,日复一日,年复一年地从事着课堂教学实践活动,要提高自己的教学水平,就必须对自己的教学活动经常进行反思。它能够帮助教师探究教材的新内容,启迪他们的教学灵感,成为构建师生互动机制及学生学习的新途径。

(四)建立合理的小学高效课堂评价机制

新课改要求,必须建立起有利于学生各方面能力全面发展的课堂评价机制。评价不但要重视成绩,更要发现和培养挖掘学生的潜质,清楚他们的发展需要,帮助他们对自身有正确的认知,树立自信心。

1. 重视综合评价

有学者认为,教学评价对学生的发展具有导向性,其基本特点是:第一,重视发展。淡化甄别与发展,凸显促进发展的评价功能;重视综合评价,注重个体特性,实行多元化评价,突出质性评价,综合定量评价和定性评价,达到方法的多样化。比如教学性评价,一般是在教学活动开始之前对学生的知识、技能以及情感等状况进行的预测。通过这种预测,可以了解学生的知识基础和准备状况,以判断他们是否具备实现当前教学目标所要求的条件,为实现因材施教提供依据。第二,注重过程。过程性评价主要是对学生进行日常表现性的评价,更多地关注和关怀学生的情感投入、学习方式、个性体验、学习成果等。每个学生都希望得到教师的赞许。因此,教师不能吝啬对学生的表扬,更不要隐藏自己的宽容和爱心。课堂上,对学生的学习情况给予及时的、鼓励性的口头表扬,这是最常用的、行之有效的评价方法。尤其是学困生,他们更希望得到教师和同学的表扬和认可,渴望得到成功的满足。每个学期要进行终结性评价,这是检测学生综合运用语言能力发展程度的重要途径,也是反映教学效果、学校办学质量的重要指标之一。考试内容要涵盖课程标准的各个方面。第三,注重形式的多样性,如口试、笔试、动手操作等。在多种形式中提高学生考试的积极性,面向学生的综合素质,提升学生的主人翁地位。以动态的、联系的、发展的眼光积极地看待学生的学习成绩,肯定其发展和提高。除了考试之外,还可以通过评语评价进行终结性评价。评语评价,即每学期期末围绕着品德行为、文化学习、身体心理、实践技能等方面,突出每个学生的个性特点,在学生自评的基础上,学生间互评、家长参评、教师总评,对学生进行优点的鼓励性评价。只有优化教学评价,真正实现评价由选拔功能向反馈引导、激励发展等功能转移,才能为学生的成长与发展创造宽松和谐的良好环境。

2. 重视定性评价

新课标针对语文课程评价提出了突出综合性和整体性的具体要求。重视过程和方法、知识和能力、情感及人生观等三维目标的评价,对学生的语文素质进行全方位的评价。语文学习的特点是重视情感及感悟,所以评价手段不应以量化为主,而应采取定量和定性评价相结合的方式。其适用于对学业内容的评价。

七、让学生成为学习的主体

学生的头脑不是一个被填满的容器,而是需要被点燃的火把。现代教育观念认为学生不仅仅是教育对象和教学客体,也是积极主动自我学习的主体。在教学活动中,需要教师为学生精心设计每一个教学环节,燃起学生"我要学"的高涨热情,激发他们主动探求知识的强烈欲望,让学生真正地动起来,充分发挥他们在教学活动中的主体作用,实现其由知识向能力的转化,以适应新时期素质教育的要求,达到最佳的教育教学效果。如何让学生动起来呢?这就要求语文教师必须运用自己的广博知识、丰富的教学经验和灵活的教学机制,充分利用自己在教学活动中的主导地位的优势,"导之有方",使学生在"动之有序",让学生在"动"中乐学、善学,从而实现教学目标。老师在教学实践中做了以下几点探索,尝试让学生真正地成为学习的主人,在学习中享受到成就和快乐。

(一)预设:让学生设计学案

常常听有些语文教师抱怨,有些问题无论讲多少遍,一些学生仍然会犯错误,有时还会戏称这些学生为"八遍通"或"八不通",意思是讲八遍学生才懂,甚至讲八遍学生也不通。如果我们变教师教八遍为学生学一遍,结果又会如何呢?良好的开端是成功的一半,预设在语文教师备课中作用和意义十分重大。预设是学生对新知识进行认知的开端,也是教学活动的起点。传统教学活动中,预设是由教师布置任务,学生依令而行,缺乏学习的内在动力,如此极易损伤学生主动学习的兴趣和热情,产生"要我学"的错误学习观念。如何把学生被动预习的环节变为主动探知的过程?这就需要我们把学生的预习变为对新课学习的预设,引导学生在实际学习活动中自己设计学案,并指导学生学习预设的方法、步骤及内容,明确语文学习的认知、理解、运用、觉悟等目标要求。比如,让学生准备一本"自主学习本",教师引导学生在学习预设前先将新内容通读一遍,然后在"自主学习本"上列出本课的知识体系,筛选出重点、难点,查找应补充的知识,甚至在预设中可以建议教师在备课和授课时应注意的重点和难点,联系当前一些热点及建议教师可以运用的教学方法和教学手段。教师在阅读学生的学习预设后,根据学生提出的重点和难点,参考学生能接受的教学方法和教学手段设计教案,组织语文课堂教学。通过让学生自己预设代替应完成任务的预习,可以提高学生自主学习的兴趣和能力,也把学生在学习中的困难和不足呈现在教师面前,这既有利于调动学生预习和自主学习的主动性、积极性和创造性,也有利于教师围绕学生的知识、能力特点组织课堂教学,使知识的传授和能力的培养更具有针对性,更切合陶行知先生所倡导的"教的法子要围绕学的法子"的"学生中心论"。

(二)教学:让学生大胆质疑

教师在教学活动中难免会有这样或那样的知识讲不透,甚至还会讲错,即使教科书出现不科学的表述也是在所难免的。因此,在语文课堂教学活动中,学生要树立"尽信书则不如无书"的理念,坚持"吾爱吾师,但吾更爱真理",坚持"不唯上,不唯书,只唯实"的求实精神。教师要大力鼓励学生质疑,积极引导学生敢于提出自己的不同观点。面对学生的质疑,教师不能恼羞成怒,剥夺学生在课堂中的言论自由,禁锢学生的思维,扼杀学生的求知欲。此时,教师若能在全班同学面前敢于承认自己的错误,并和学生一起积极探究正确的认识,不仅不损伤教师的权威,反而更能赢得学生的尊重,以无言的"身教"深深地启迪着学生,促进学生思维的发展和认识上的提升。"教之有法"的语文教师有时为了鼓励学生动脑思考,往往故意犯一些"高级"的错误,使学生在发现错误、纠正错误的过程中训练听课的机智,以及对知识正误的辨别能力,从而提高自己正确认识事物的能力。实践证明,提出疑问不仅是发现真知的起点,而且是发明创造的开端。提高学习成绩的过程,就是发现、提出和解答疑问的过程。因此,疑问、矛盾和问题是思维的启动器,它能激起学生的求知欲由潜伏状态转入活跃状态,有力调动学生学习语文的主动性和积极性。需要说明的是,这种"别有用心"的错误不能无缘无故地发生,也不必无时无刻地出现,而是在教师精心的准备之下应时应需才出炉的。教师在课堂上什么时候"犯""错误",要"犯"哪些"错误",利用哪一部分教材,发展学生什么能力等都需经过教师的精心设计,都应有明确的教学目的。古人云:"师者,传道授业解惑也。"老师认为,解惑只是教师最基本的责任之一,语文教师神圣工作的最高境界是让学生在课堂教学过程中,在教师的启发和诱导下产生新的疑问,让学生把疑问带出课堂,带回家。

(三)作业:让学生自己设计习题

新时期作业的布置应注意其科学性、创造性及可操作性。布置作业的目的不仅是为了巩固学生已学的知识点,特别重要的是注意引导学生寻找知识之间的内在联系,促进学生思维的发展和创造力的运用,从而实现其知识向能力的转化。在语文教学实践中,老师就经常让学生自己设计习题来代替教师对作业的布置。比如,学习《长城》专题时,老师就让学生在"自主学习本"中"探骊得珠"版块上进行作业设计,给出两个探究方向,即对长城的"建筑特色"和"艺术成就"这两个方面进行两个题量的作业设计,而学生完成质量之高,涉及面之广令人惊叹。教师首先给学生明确命题范围、习题数量以及题型,然后由学生实际操作,之后在批改作业时主要检查学生设计习题的科学性,经纠正其中错误以后,再让学生互相交换自己编制的习题及交流解题过程,对学生提出异议的习题,教师最后做出必要的指导。让学生自己设计习题可以取得以下效果:其一,可以深化学生对语文教材知识的认识,主动寻找知识点之间的内在联系,从而达到复习、巩固、深化知识的目的;其二,学生自己设计习题特别是主观性习题的参考答案及评分标准,可以提高他们对重点、难点的筛选能力和对问题的分析与解决能力;其三,学生自己设计习题可以充分调动学生学习的主动性和积极性,提高学生学习的兴趣,使学生的主体作用得到充分发挥;其四,学生之间互相交换自己设计的习题,可以在比较鉴别中,形成探索钻研的优良学风和互助互学的良好班风。

(四)测验:让学生批改试卷

学生帮助教师批改试卷目的不是减轻教师的批改负担,而是让学生在帮助教师批改试卷过程中,通过加分和扣分的环节,使他们更深刻地认识到如何正确和规范地解答试题,破解失分"难言之隐",促进学生的知识融会贯通能力的提高。有的语文教师拒绝学生帮助阅卷,既怕降低阅卷质量,更怕占用学生的学习时间;有的语文教师不相信学生,只让学生帮助批改客观性试题,而不愿学生涉及主观性试题,因此也就失去了让学生领会组织答案、确定解题方法的最佳途径。在学生帮助批改试卷之前,教师先把每一道试题特别是主观性试题的解题方法、答题要点、评分标准以及评卷要求等一一向学生说明,然后由学生具体操作。在学生兴致勃勃地互相批阅试卷时,不时有学生对疑难问题及评分标准提出疑问,对其他同学的做卷情况表现出极大的关注。通过阅卷,学生感受到审题的重要性,知道了分数得失的"来龙去脉",强化了对知识点之间的内在联系的理解。也有的学生反映通过批改试卷,本来薄弱的知识就牢牢地印在脑海里了。通过阅卷,在比较和交流中,学生的竞争心和学习热情也潜滋暗长着,这又为以后的学习打下坚实的基础。

语文教师组织教学活动时让学生动起来并不意味着教师在教学上的懈怠,也不表示对学生放任自流。教师的作用更多地表现在宏观上,而不是微观方面。在每个教学环节中,教师都应密切跟踪学生的活动动态,及时地解决学生的疑难问题,纠正学生活动中的偏颇,积极引导,把教师的主导作用和学生的主体作用有机地结合起来。教师组织教学活动时让学生动起来就是要真正地变"讲堂"为"学堂",变教师的领衔"主演"为"导演",让学生成为学习的真正主人。学生在教学的舞台上充分地表演,教师在旁边根据学生学习的情况精心加以编导,使学生在教师的"导演"下,自我体验,自我探索,自求得之。这样,教法与学法有机地结合起来,在学法指导的渗透下,让学生在长期的学习实践中学会学习,这是把语文文化课上成了活动课的实质所在。

八、让学生成为质疑的主体

无数事实证明,"问"是培养学生进行探究性学习的切入口。有人说,学习的过程是从"无疑"到"有疑"再到"无疑"的过程。只有学生有了疑问,才会产生探究的兴趣。因此,语文教师要积极引导学生提出自己的疑问,引导学生积极地参与发言,让学生在探究中寻找答案。在这一过程中,教师适当加以点拨和补充,这与教师将现成的答案一下子"端"给学生,产生的效果会截然相反。那么,是否意味着语文教师需要无条件地解答学生所有的质疑呢?语文教师应当如何科学地应对学生的质疑呢?老师认为语文教师应当对学生的质疑区别对待,在答疑解惑时需要讲求三个原则。

(一)坚持有问必答的原则

需要有问必答的问题应该是学生确实无法依靠自身可以解决的,同时也有解决必要的问题。思维往往是由问题激发的,一个好的问题能使思维得以产生、维持和深入。古往今来,凡有创新精神的人无不具有强烈的问题意识,他们常主动带着怀疑的眼光去观察世界、发现问题。正因为他们有提出问题的意识,为了促成问题的解决,就自然有了创新的意识。因此,在语文教学活动中鼓励学生质疑有助于培养学生的创新意识。对学生产生的此类质疑需要做到有问必答,耐心指导,详细讲解,促使同学们都愿意提出问题。有问必答的前提和基础是师生合作探究。有问必答并不意味着对学生的质疑包办代替,给学生一个现成的答案,而是需要鼓励学生提出自己的想法,在学生解决问题遇到困难时,为学生提供一些必要的帮助,对质疑问题的正确解答仍然主要靠学生自我解决。解答问题并不是有问必答的全部,教师还需要鼓励学生在正确解答所质疑问题的基础上举一反三,提出更多、更新的问题,解决更多、更新的问题,从而大大地激发了学生的灵感,激发了学生的积极性和创造力,促进了学生语文素养的提高。

(二)坚持有问必问的原则

有问必问就是对于学生因质疑而提出的问题,单靠学生自身确实无法探究出来,需要教师稍加引导和点拨,但这时教师的职责不是有问不答,也不是有问必答,而是有问必问。教师可以提出与需要解决问题相关的问题逐层让学生解答,通过一个个相关问题的解答,帮助学生逐步接近并形成正确的答案,享受从质疑、探究到成功的快乐。古希腊著名思想家、哲学家、教育家苏格拉底认为,理想的教育方法不是把自己现成的、表面的知识教授给别人,而是凭借正确的提问,激发对方的思考,通过对方自身的思考,发现自己心中潜在的真理。我国古代伟大的教育家孔子也是启发性教学的倡导者。他能够针对不同的个性特征,循循善诱,点拨精妙,善于把握时机,给学生相当大的思维空间,具有启发性、灵活性。我们必须认清一点,学生在提问时有可能是为了获得正确的答案,而我们给予学生的不仅仅是正确的答案,更是正确的思维方法和解题过程。老师认为解题过程比获得答案的结果更加重要。因此,有问必问应该成为语文教师应对学生质疑提问的主要策略。只有让学生不断地质疑提问,教师不断地针对学生的质疑有针对性地设计问题,在教师的设问中积极引导学生解答这些问题,帮助学生产生正确的观点,才能引导学生形成自主学习和自主探索的良好学习习惯,才能真正成为学习的主人。

(三)坚持有问缓答的原则

学生提了问题,而有的语文教师暂且不做任何解答,学生似乎很难接受。既然"解惑"是教师的三大职责之一,那么应对学生的质疑提问知无不言,言无不尽。甚至有的语文教师面对自己并不明白的问题时,害怕失去在学生面前的威信而不懂装懂、牵强附会、自圆其说。对学生提出的质疑暂且不做任何解答是否就认定教师的工作责任心有问题呢?有问而缓答的问题是不需要或者不必要或者无法回答的问题。事实上,语文教师可以根据有问缓答的原则对几种情况进行正确处理。比如,对待由于学生缺乏冷静思考、过于急躁而不能解决的问题或者不是学生不能解决,而是因为怕动脑筋而不去努力解决的问题,教师应该鼓励学生依靠自己的力量自主解决问题。有一些问题在语文书课文中有现成的答案,学生通过阅读在书中可以发现答案,但是由于学生没有阅读课本或者学生因阅读课本不认真而产生了疑问,教师也可以针对这种情况鼓励学生在多看书和认真看书的基础上,自主在书本中归纳、概括和总结出答案。有问缓答的情况还有学生提出的问题超出了教师现有的知识和能力能够达到的高度,或者是按照学生目前的知识水平是根本无法解决的,这类问题教师无论能否解决都要拖缓回答,否则就会误导学生,或者导致学生好高骛远,思维混乱。坚持有问缓答的原则,有利于调动学生自主探索的积极性,培养和提高学生自主分析问题、解决问题的能力,也有利于培养学生坚持实事求是的科学态度。可见,这种有问缓答并不是教师的素质不高,或者对学生不负责任,而是为了督促学生形成良好的学习习惯,促进学生的自我完善。

九、让高效贯穿小学语文课堂教学各个环节

课堂教学新课的切入往往是通过复习提问和导入新课两个环节完成的,这种切入新课的方法固然有温故而知新的优点和循序渐进的特点,但这种"慢热"式的切入法很难引起学生的共鸣和师生的积极互动,让这样的课堂教学出彩也更是难上加难。在教学设计过程中,我们必须加强对新课切入法的创意的研究,以巧妙灵活的方式切入新课教学中,从而激发学生的主体意识,引导学生积极回应,打造精品课堂。小学语文高效课堂的标准是如何界定的?高效教学的"高效"主要是指通过教师在一种先进

教学理念指导下经过有效时间的教学之后,使学生获得具体的进步或发展。学生有无进步或发展是衡量教学是否高效的唯一指标。教学过程是否高效,并不是看教师有没有完成教学内容或教得精彩不精彩,而是看学生有没有学到什么或学生学得好不好。传统教学的内涵界定为"教师的教和学生的学的共同活动",主要是指学生在教师有目的、有计划的指导下,积极、主动地掌握系统的文化科学知识和基本技能,发展能力,增强体质,并形成一定的思想品质。有人认为小学高效课堂就是让学生在有限的时间里掌握更多的知识,得到有效的解题训练,拥有更强的解题能力,获得更高的考试分数。显然,这是对小学语文高效课堂的误读。《全日制义务教育语文课程标准》给语文课的定性是:语文是最重要的交际工具,是人类文化的重要组成部分。工具性与人文性的统一,是语文课程的基本特点。因为语文学科具有工具性和人文性的特点,所以作为一名小学语文教师,不要在课堂教学中沉迷于"字、词、句、篇等语文知识"的解读和"听、说、读、写等语文能力"的训练,而是要学会引导学生独立思考,在能力培养和素质提高的基础上使学生产生怀疑和提出新问题的动力。同时,在教材内容向教学内容的转换中渗透人文教育的思想,进行情感、态度、价值观的养成教育。

(一)重视过程,学有所得,是小学语文高效课堂的标志

陶行知先生说:"教育就是要解放学生的手,解放学生的脑,解放学生的眼,解放学生的耳,解放学生的时间和空间,使学生成为自主学习的人。"因此,高效的课堂教学就需要解放学生,让学生重新戴上想象的翅膀,提高学生自主学习的能力。这样做的关键取决于教师摒弃教师中心论、教材中心论的错误思想,还学生作为学习主体的尊严。尤其是小学语文教学,学生的语文素养大多靠课后日常积累,教师需要充分利用有限的课堂教学时间高效地指导学生学会学习,实现由学会向会学的飞跃。新课程实施以来,新的教育理念引导着教学的改革,课堂教学确实也发生了很大的变化。然而,我们的课堂中,一些语文教师大多仅仅关注"怎么教"的问题,教学多站在教师的角度思考和进行,关注"怎么学"的少,站在学生学的角度思考和进行教学的少。我们需要突出学生的主体地位,那种

过于强调教师的主导作用,进而把主导异化为主体的教学模式是小学高效课堂的"硬伤"。这种教学模式下片面追求合作而轻视独立思考、强调体验而忽视结果、为组织讨论而设置过多价值不大的问题等,导致课堂教学存在着很多无效环节,课堂效率低。过量的、重复性的、典型性不强的、简单化的课堂练习,浪费了学生大量的精力和时间,消耗了学生学习兴趣和热情,更是加剧了无效教学情况的发生。更有甚者,有些小学语文课堂学生的学习任务被刻板为在同一个规定的时间内,用同一种规定的方式,读同一篇规定的课文,听同一样规定的分析,记同一个规定的结论,做同一道规定的练习,得出同一个规定的答案。对于出现这一现象的原因,语文教育学家刘国正先生曾做了精辟的分析,他认为:"主要原因在于语文教学脱离实际,背诵一个又一个的概念和论断,要求一字不易;学习一个又一个的程式和方法,要求如法施行。教学远离学生的思想和生活,变成空洞乏味的东西。学生不能生动活泼主动地学习,大大地降低了学习语文的效果。"这种语文课堂教学不仅谈不上是否高效的问题,简直是在扼杀小学语文教学的生命力。教师应该紧紧围绕学生如何学来组织教学,体现教与学的个性。打造小学高效课堂需要本着"教会学生学习"的目的,转变课堂教与学的模式,教会学生掌握科学的学习方法,增强学生学习的积极性和有效性,提高课堂教学效率。然而,由于长期受到应试教育的影响,小学语文教学存在一些问题:操纵课堂教学的"遥控器"完全掌握在教师的手中,学生只能跟着教师转,教师指哪里就读哪里,教师叫读就读,喊停就停;课堂上主要是教师包场,学生记得多而发言少,一堂课中鲜有师生之间的对话与交流。这样的教学没有一点师生平等和民主的气氛,更谈不上引导学生自主性学习,激发学生的创造性思维。事实上,师生互动是激发师生双方教与学积极性的法宝。在师生互动之中,教师教得有劲,学生学得有趣,在教学相长中实现教学效果的最大化。

(二)课堂小结留下悬念和思考,是小学语文高效课堂的基础保证

教师在组织课堂教学过程中总想有一个比较完美的小结,一个完美的句号。教师想在这个完美的"圆"中解决课上所有的重点、难点、疑点,

把所有的问题都能够"打包"解决,并视之为课堂教学的理想状态。因而,在组织课堂教学过程中深挖洞,广积粮,坚持知无不言、言无不尽的原则,力图让学生在有限时间内掌握更多的知识,并将此理解为这就是小学高效课堂。实际上,这是知识高效与能力素质低效的矛盾统一体,背离了新课程下打造小学高效课堂的宗旨。

"编篓编筐,重在收口",良好的课堂小结设计可激起学生的思维高潮,能够产生画龙点睛、余味无穷、启迪智慧的效果。比如,用这样美好的形象,引导学生具体体会作者对新生的社会主义伟大祖国的无限热爱与由衷赞美,理解文章的精髓;用这样美好的形象,在学生心田撒播热爱祖国的种子。回味式结课以含蓄隽永、耐人寻味的特点,受到爱思考的小学生的欢迎。它能有效地增强学生的学习兴趣,培养并提高其鉴赏能力和思维能力。课堂小结是课堂教学环节中的重要一环,不仅可以帮助学生掌握知识和技能,还可以促进认知结构的形成、新知识模块的建立、解题技能的优化和思想方法的提炼等。尽管课堂小结对整个课堂教学起着这么重要的作用,但很多教师往往将其看作是一个承上启下的程式、一段故事(情境)的情节延伸,甚至是一句空洞的套话。叶圣陶说:"结尾是文章完了的地方,但结尾最忌的却是整个完了。"小学语文课堂教学的结尾也应讲究一点。好的结课,能给人以美感和艺术上的享受,但这不是教师只凭灵机一动就能达到的效果,而应该增强对教学结课的设计意识,不断提高教学结课的艺术水平。教育心理学指出,所有智力方面的工作都依赖兴趣。托尔斯泰也曾说过,成功的教学所需要的不是强制,而是激发学生的兴趣。兴趣是学生主动学习、积极思维、探求知识的内在动力。优秀的教师在教学结课时常常使用设立悬念的方法,使学生在"欲知后事如何"时却戛然而止,从而给学生留下一个有待探索的未知数,激起学生学习新知识的强烈欲望,使"且听下回分解"成为学生的学习期待。因此,教师可以在课时小结环节提出有一定难度的问题,这个问题常常是下节课要探讨的,让学生带着疑问结束一节课的学习,从而激起他们主动探索的兴趣和急于知晓的心理。这样,"高效"从语文课堂延续到课后,不断地循环,以确保下次课堂教学的良好效果。

第三章 小学语文高效课堂的实施策略

第一节 提高学生的自主学习能力

一、把学习的时间还给学生

(一)"把学习的时间还给学生"的含义

学习的时间,从广义上讲是指一个人以学习为过程的时间经历,从狭义上讲是指学生的在校学习时间和课外学习时间。我们这里说的"把学习的时间还给学生"主要是指把课堂学习时间还给学生,教师少讲,学生多阅读、多思考、多活动、多实践。具体讲,一定要落实四个充分,即给学生充分的阅读时间、充分的思考时间,充分的互动(发表己见、互相辩论)时间、充分的实践活动时间。这是新课程的一种理念,更应成为广大教师自觉的一种教育思想。

"把学习的时间还给学生"的基本要求是:教师讲授、启发、点拨和用于组织教学的时间原则上控制在 25 分钟以内,学生在课堂上自主学习、活动的时间不少于 20 分钟。需要特别指出的是,我们主张"把时间还给学生",让学生做学习的主人,也要实事求是,具体问题具体分析,教师的讲解不是放弃而是淡化。学生基础好的,教师可以少讲,基础差的,就可以多讲一会儿,以学生学会、学好为目的,不必拘泥于 20 分钟或 25 分钟的限制。另外,在不同的学习阶段,面对不同的学习任务,也应该有所区别,教师应该当讲则讲,讲其当讲,不应该因为有了"学习的时间还给学生"的要求,就谈"讲"色变。关键是要解决好"讲"与"学"的关系,弄清楚"讲什么""怎么讲",提高"讲"的效益,只有这样,才能真正做到"把学习的时间还给学生"。

(二)为什么要把学习的时间还给学生

课堂教学改革尽管已进行多年,但是教师用传统教学方式的现象还是比较普遍的。部分教师虽想放手,但出于某些顾虑、压力或是不信任,仍愿意掌控时间。苏霍姆林斯基在《给教师的建议》中表示,希望你们警惕,在课堂上不要总是教师在讲,这种做法不好。我们可以从中得出一条结论:在绝大多数情况下,数学教师和语文教师在一节课上所要讲的时间,不应超过5~7分钟。让学生通过自己的努力去理解的东西,才能成为他自己的东西,才是他真正地掌握的东西。可见,教师讲课时间不能太多,应该把大部分时间留给学生,让学生去思考、去实践。

《课程标准》也指出,学生是学习的主人,语文教学应激发学生的兴趣,主动培养学生自主学习的意识和习惯,为学生创设良好的自主学习情境,尊重学生的个体差异,鼓励学生选择适合自己的学习方式。显然,把学习的时间还给学生是落实《课程标准》所必需的。因为学习过程是学生的个性化行为,不应以教师的分析讲解过程替代学生的思考认识过程。如果一堂课教师从上课讲到下课,那么学生的自主学习无疑是一句空话。所以,课堂上教师不应唱独角戏,一切都想包办,其结果通常适得其反,欲速则不达。客观上讲,学生真正悟到的东西不是教师讲出来的,而是通过学生自己思考、感受出来的,这种感悟是他人无法取代的。所以,应该将以往大部分由教师讲解的时间还给学生,由学生在课堂上充分体验、感悟,把学习的时间交给学生,真正让学生自主学习。

(三)怎样把学习的时间还给学生

占据课堂教学时间主要有两个方面:一个是教师的讲授,另一个是学生的学习。过去的语文课堂以教师的"讲"为核心,"讲"占据了课堂的绝大部分时间。因此,要把学习的时间还给学生,首先要做到的就是减少教师讲授的时间。而减少讲授的时间并不一定就从真正意义上把学习的时间还给学生了,如果没有教师必要的讲解做支撑,学生学习要走许多弯路,反而浪费了时间。所以,把学习的时间还给学生,应从以下几点寻求突破。

1. 转变"教"的方式，做到精讲

以当前语文课堂教学现状来看，要把学习的时间还给学生，关键的问题是要转变教师"教"的方式，要彻底摒弃"以讲代学""以讲代练"的做法，变"讲"为"学"服务，做到精要恰当地讲解，把学生从烦琐冗长的听课中解放出来，把课堂大部分时间还给学生。

学生学习离不开教师讲解引导，教师讲解要做到精要，就必须精心备课，提高课堂教学预设水平。语文课程知识含量大，涉及面广，包含着许多方面的知识，它与教育学、心理学、社会科学、历史、地理等都息息相关。这就要求语文教师必须具备博览群书的优秀品质。只有博览群书，才能使教师的知识不断地丰富，才会有上好语文课的能力，才会把语文课当成一种享受，而不是一种包袱。

语文教师更要深研教材，对自己所教语文课程的体系、内容、知识点以及教学方法全面把握，既了解其基础情况，又了解其未来发展的走向。努力提高自己驾驭教材的能力。只有读懂、"吃透"教材，教起学来才能得心应手，举重若轻，游刃有余。也唯有课堂优质、高效，才能真正把学生从应试教育的模式里解救出来，才能真正把时间还给学生。

2. 转变"学"的方式，做到会学

把学习的时间还给学生并不是简单地等同于让学生活动占据大部分课堂时间。教师做到精讲，让出了课堂大部分时间，这只是形式上的要求。学生要真正成为时间的主人，还应能学、会学、学得高效。因此，要真正落实"把学习的时间还给学生"这一教学策略，就必须转变学生"学"的方式，要彻底摒弃"以听代学""以记代练"的做法，变"听"课为"学"课，提高课堂学习效率和质量。因此，教师要重视学生自学能力的培养，合理安排"讲""读""议"，真正把课堂时间还给学生。

教师要引导学生学会自学，养成自主学习的习惯。要在平日教学中不断地向学生阐述自主学习的重要性，提高学生自主学习的主动性和积极性。要让学生学会读书、思考、讨论、质疑等学习方法。

叶圣陶先生说过:"书是教不完的,课文无非是个例子,要引导并教给学生读书、看报的技巧能力。"遵照此原则,教师应尽可能地抑制自己的表演欲,组织学生精练,把课堂的舞台交还给学生,给学生充分的阅读、思考和练习的时间,让学生在教师的引导下自主学习、探究学习、合作学习,使他们在实践中培养听、说、读、写的技巧能力。

3. 积极探索行之有效的课堂教学模式

叶圣陶说:"教是为了不教。"师者,不仅仅是授业与解惑,更主要的是传道——教给学生求知的方法。因此,教师应该灵活地运用教学方法,积极探索课堂教学模式。这样既能够更好地发挥教师主导作用,又能更多地调动学生学习的主动性,把学习的时间还给学生,变教师讲、学生听的传统教法为学生自主学习为主,教师精要指导为辅,先学后教,以学定教,从而培养学生独立思考、独立学习的能力。[①]

"自学辅导教学法"就不失为一种培养学生自主学习、主动学习的好方法。实施"自学辅导教学法"主要有以下几个环节。

(1) 自学

依据目标,参考学情,设计出富有启发性、利于学生能力培养的自学提纲或自学思考题,并明确自学要求,然后安排学生按照目标、自学提纲或思考题自学教材。

这一环节是达到目标的基础,实施时注意三点:一是根据目标设计出合理的自学提纲,让学生产生强烈的求知欲;二是加强指导,使全体学生都能基本理解课文内容;三是根据教学内容的难易及学情,适时、合理地展示目标及思考题。

初始时,教师可以为学生提供"自学问题单",问题可以细一些、具体一些。学生自学能力有所提高以后,问题可以越来越概括化、纲要化,并且鼓励学生根据自己的自学实际自主设计问题。这样既避免了盲目性,又兼顾了学生个体差异,实现由他主到自主的转化。

---

① 朱秀明. 语文课堂教学优化策略[M]. 北京:群言出版社,2018.

经过一段时间后,教师也可以尝试更系统的问题训练单,使学生自我提问,自我回答,以达到对整个学习过程的自我监控。字词的学习、课文的学习、写作的学习都有其特殊性、规律性,教师可以根据其各自的特点,分别为学生提供或引导学生自我形成个性的"问题训练单"。

(2) 质疑

在自学内化的过程中,学生经过自主、合作、探究,一定还会有这样那样的疑难,因此就进入第二环节——质疑。这一环节的目的就是通过质疑问难来解决学生自学探究中不能解决的问题。形式为共同讨论:生问生,生问师,师问生,互相质疑,互相释难,并且做到学生能答疑的教师一定不要包办,学生解决不了的教师再予以讲解、点拨。

在这一教学环节中,无论是教师问学生、学生问学生,还是学生问教师,学生都要看书、思考,所以质疑的过程是自学方法的深化,更是知识和能力的深化。教师在其中只起组织、引导、点化作用,教师的发问只能是引导学生思考,必须带启发性,力避检查性,要想方设法引导学生去分析、解决问题,而不是给学生现成的答案。

(3) 点拨

经过自学内化、质疑释难两个环节,自学的基本要求大体可以达到。但是,教学的重点、难点和上述环节中的遗留问题,仍需教师进行精要的点拨。这一过程,要求教师点拨得适时、适实、适度。适时就是抓住时机,即非教师点拨就不能解决,而学生又是待解决的时候;适实就是符合学生的实际知识和接受水平;适度就是教师的点拨只能是搭桥引路,引导学生走向知识的彼岸,而不是包办代替。

(4) 总结

上述三个环节的教学,水到渠成,学生大致能较好地理解课文内容,把握课文主旨,厘清文章结构,感悟重点词句。所以,对学习过程的总结,只是补充、完善、明确、强调。如果说前三个环节是拾珠子,那么总结便是用一条线将珠子穿成串的过程。所以,总结的任务就是将前三个环节的教学内容进行归纳整理,使之系统、完整。同时,总结的过程也是升华的过程。使认知由感性上升到理性。因此,这一环节的目的不只是让学生明确答案、掌握知识,还要让学生逐渐地掌握分析问题和解决问题的方法。

自学辅导教学法较好地解决了教什么、怎么教、教到什么程度的问题,突出了学生的主体地位,有利于学生主动发展,是一种具有明显优点的教学方法:一是能有效地调动学生的学习积极性;二是能更好地体现因材施教;三是有利于学生加强理解,牢固掌握知识;四是有利于学生尽快学会学习;五是能更充分地发挥教师的主导作用,更好地实现班级教学和个别化教学的紧密结合。

当然,把学习时间还给学生,还可以通过创设语文实践活动来实现。诸如"走近名人""走进名著""用字诊所""成语接龙""谜语竞猜""关注社会热点"以及办手抄报、做剪贴报、制作读书卡、讲故事、查字典比赛等活动,不仅能够激发学生学习语文的极大热情,而且更能提高学生语文知识的运用能力。只要我们在教学中以培养学生的学习能力为核心,教师少讲,把时间还给学生,"学会学习"和"教是为了不教"的教学目标就一定会达到。

二、把学习的空间还给学生

(一)学生"学习的空间"的含义

空间是哲学术语,特指物质存在的广延性。学习空间是指学生对学习活动的心理容纳度,一种内部环境;也指学生参加活动的机会,一种外部环境,学生在这自由的空间中大胆思索、积极活动。这里的"学习的空间"特指学生在课堂上学习的空间。要想真正实施素质教育,真正体现以学生为主体、教师为主导的教学法,就必须把学习的空间、课堂的舞台还给学生,以培养学生的自主学习能力,让他们自己去发现新问题、研究新问题、解决新问题、创造新境界。

(二)为什么要把学习的空间还给学生

学生只有拥有了可以自由发展的空间,才能够充分发挥自身的才智,激发出无尽的创造力,创造出精彩的课堂。不自主的学习空间只能禁锢学生的思维,只有使学生在相对开阔的学习空间中活跃思维,释放情感,才能使他们生动活泼地发展,实现其开阔性、广延性、深邃性。

(三)怎样把学习的空间还给学生

1. 教师要给学生营造平等、民主、和谐的学习氛围

美国心理学家罗杰斯认为,成功的教学依赖一种真诚的理解和信任的师生关系,依赖一种和谐、安全的课堂气氛。可见,建立和谐、民主的师生关系,形成良好的学习氛围,是还学生学习空间的基础。在学习过程中,教师要自觉地走近学生,走进学生的心灵,努力营造民主、和谐的教学氛围,创设一个平等的对话场。在平等和谐的对话场中,师生就学习内容敞开心扉进行互动交流,交流中让每一名学生都能感受到自主的尊严,感受到自身存在的价值,在真诚的沟通中,互相借鉴,互相启迪,产生智慧的火花,品尝学习带来的快乐。

2. 开放课堂活动空间,给学生展示的舞台

把学习的空间还给学生,让学生做课堂的主人,可以打破座位对学生的拘束,根据学习的需求,让学生可以在座位间自由活动、小组讨论、合作探究。要把讲台、黑板让给学生,师生换位。让学生主持课堂,让学生质疑,表达见解,甚至进行演讲、表演。学生是教室的主人,是课堂的主人,这种开放的学习空间,必然会激发学生学习的兴趣,调动学生参与学习活动的积极性,从而提高学习的效率。

3. 交给学生一把自主学习的钥匙,给学生独立创新的舞台

古人云:"授人以鱼,只供一饭之需;授人以渔,方为终身之用。"因此,在教学生"学会"的同时,必须教学生"会学"。教学生掌握学习的方法,首先交给学生一把自主学习的钥匙,让学生自己去开启知识的大门。在课堂教学中,作为教师要时刻关心学生自主学习的过程,坚定他们学习的自信心,激发学生渴求新知的欲望,最大限度地发挥每一个学生的学习潜能,尽量做到:目标,让学生去明确;新知,让学生去发现;过程,让学生去参与;教材,让学生去讲解;学法,让学生去总结;内容,让学生去归纳;难

点,让学生去解决。变"讲堂"为"学堂",变"要我学"为"我要学"。

小组合作学习法打破了座位对学生学习活动的局限,给学生相对自由的活动空间,让学生能够自主合作探究、学习,较好地体现了"把学习的空间还给学生"的教学策略。

小组合作学习有利于调动学生学习语文的积极性,有助于提高学生的自主学习能力、合作参与能力和语言交际能力,可以把学习的过程变成学生主体性、能动性、独立性不断地生成、张扬、发展、提升的过程。可以使单一和单向的刻板教学方式变为学生间互动、师生间互动的多元和多向的信息交流方式。

小组合作学习要根据各学校实际情况,针对全班学生按"组内异质、组间同质"的原则,根据性别比例、兴趣倾向、学习水准、交往技能、守纪情况等合理搭配,分成学习小组,每组6～8人,按长方形围坐,以便启发引导之后,学生可以面对面地进行小组讨论学习。

小组合作学习法应注意以下几个问题。

(1)重视合作小组的组建

因为学生是有差异的,教师应在全面了解学生的基础上,把学生分成若干同质或异质小组,让基础好的学生深入地思考,不断地强化提高,这样的分组,各小组力量均衡,利于资源的利用和小组之间公平竞争;也可按问题、兴趣分组,照顾学生的兴趣爱好,或前后位合作学习;还可让学生自由组合。不管怎么分都要有利于调动学生的积极性,激发学习兴趣,让学生在自由的空间里尽情学习、发挥。

(2)不可忽视学生的主体性

在组织学生合作学习时,教师一定要重视学生主体需要的满足,不能随随便便地让学生进行合作学习。由于知识基础、智力水平、认知风格、思维方式、兴趣性格、自我期望、家庭背景等方面不尽相同,在合作讨论时对同一问题可能就会有不同的看法,并不见得对所有问题都能达成共识,关键在于如何引导学生在冲突中学会沟通、交流、协商。因此,我们说合作学习不只是一种学习方式,更是一种生活方式。

(3)教师精心设计问题是关键

利用小组合作讨论的学习形式,培养学生的创新能力能否取得最佳效果,关键在于教师设计的问题是否适合学生的认知水平;是否能激起学生讨论的兴趣;是否为学生提供了既能独立思考,又能集思广益、共同提高的机会。所以,教师提问要注意适度性、广泛性、开放性。如在质疑问题上,要教会学生以"是什么"为形式的直问、以"为什么"为形式的深问、以"怎么样"为形式的问或以比较形式出现的问等,要做到提出的问题表达清楚、完整,而且有价值,能激发学生的学习兴趣。

(4)不可忽略教师的调控和引导作用

小组合作学习并不代表教师就可以袖手旁观,不参与也无须指导小组合作学习了,相反它对教师提出了更高的要求。教师不仅要认真设计合作学习的内容任务,及时抓住合作学习的最佳时机,还应在合作学习开展的过程中,扮演好调控者的角色,密切关注每个小组的活动状况。学生的合作激情不高时要想办法提高学生的合作兴趣;学生在合作学习中遇到困难和问题时,教师应能够及时发现,并给予认真指导。在合作学习的过程中教师还应尽可能地引导学生学会合作的技能和品质,成为真正意义上的合作者。只有这样,小组合作学习才能得以顺利且富有实效地运用。

(5)课堂不能忽略灵活多样的教学形式

因为小组合作学习只是有效学习方式中的一种,并非所有的教学内容都要通过小组合作学习才能完成。教师要灵活运用各种教学形式完成学习目标。

三、把提问的权利还给学生

(一)"把提问的权利还给学生"的含义

"把提问的权利还给学生",其基本要义应包括以下两点。

第一,提问不是教师的特权,而是学生在学习过程中本应享有的权利,教师必须承认、尊重而不是漠视和排斥学生作为学习主体拥有的这一重要权利;提问作为教学活动,不能仅仅定位于师问生答式的单维互动,不能以教师的思维图式、话语态势限定学生的思维与话语,学生的学习活动更应变单维为多维、化被动为主动。故教学必须构建学生独立思考、质疑问难、积极思维、师生与生生平等对话、良性互动的活动范式。

第二,"把提问的权利还给学生",具体到课堂教学,当然主要由教师来承担,而这种"还给"绝非形式上的,意在让学生"拿到手""拿稳了""拿好了"。其实质在于学生能够自觉、有效地行使和运用其提问权,在这一过程中逐渐地提升思维能力。解铃还须系铃人,教师要把提问的权利还给学生,还需"会还",需要在教学上做必要的跟进调节、有效地引导和自我完善。

(二)为什么要把提问的权利还给学生

学自问始,疑为学先。"思维就是疑问""传统上既定的讲课的特点是由教师提出问题,让学生解答。但这种提问通常以取得答案为满足,而不是引起疑难"(杜威),有意义的学习离不开学生的自我建构,不会提问就不会独立思考。如果教学只是秉持某种权威(如教师、教材等),重传输轻启发,让学生与思考渐行渐远,必将导致学生主体精神的弱化和问题意识的淡薄,遏制其思维的积极发展。学生的"学而不问",不符合学习的本质。

对话理念支持下的语文教学的对话性,需要把提问的权利还给学生。对话已成为新课改的一大亮点,语文教学本身就具有明显的对话性质,而在对话型教学方式中,"鼓励学生发问是最好的一种"(斯滕伯格)。《课程标准》明确提出:"语文教学应在师生平等对话的过程中进行","阅读教学是学生、教师、文本之间对话的过程","学生是学习和发展的主体",必须"爱护学生的好奇心、求知欲,充分激发学生的主动意识和进取精神",鼓励学生"对课文的内容和表达有自己的心得,能提出自己的看法和疑问,并能运用合作的方式,共同探讨疑难问题"。

(三)怎样把提问的权利还给学生

把提问的权利还给学生,需要教师引导学生渡过三个阶段:第一是敢提问、能提问;第二是会提问;第三是善提问。敢不敢、能不能是学习的习惯和态度;会不会是学习的能力;善于不善于是一种学习素养。

1. 创设和谐氛围,培养学生提问的习惯

要让学生敢问、能问,最根本的一点在于教师在日常教学中能发扬教学民主,创设良好氛围,有意识、有规划地培育、激发学生的主动质疑精神,弘扬勇于质疑和发表己见的学习作风,建设一种"敢问、想问、好问、乐问"的教学文化,使学生有其学习习惯和心理基础。平日不注重这方面引导,只是在临场尽心设计、片面演绎,让学生提几个问题"意思意思",学生就不免"启而不发""疑而不问""问而无疑"。

现在有许多教师为学生在课堂中不爱发言而苦恼,更别说让学生在课堂中主动提问了。其实,学生课堂上不发言、不设疑,主要原因首先是因为课堂无趣,少有的情况是教学内容太难。课堂无趣,学生就没有参与的兴趣和积极性;其次是教师对学生的习惯培养不到位,学生养成了"闷听"的习惯,而没有养成敢于质疑的习惯。所以,要把提问的权利还给学生,第一步要做的工作就是培养学生提问的习惯,调动学生的积极性,让学生敢问、能问。学生提问的质量不可能一步登高,所以培养学生的提问习惯,教师就要敢于做适当有意的放手,不能急于求成,要欢迎学生直抒己见或直陈异议,允许学生提出"低级"甚至"错误"的问题。课堂上教师除了要鼓励学生发问之外,还需在课堂对话中确立必要规程,形成制度要求,先做到"要学生问",然后做到"学生要问、能问"。

2. 讲究方法策略,培养学生提问的能力

把提问的权利还给学生,绝不是教师一还了之——学生随即自然而然就会"享用"它。现在,很多时候让学生提问,要么碎问碎答,要么面面俱到(无选择、无重点),要么提书本现成的问题。提出问题的前提是发现问题,尤其是有质量的问题,这就需要教师培养学生"会问",摸清"问路",抓准"疑点"。语文学习中的"问路"和"疑点"一般可从以下几个方面来探寻。

(1)质疑文题

题目是文章的眼睛,从文题的含义、特点、作用等着手质疑,通常可以起到纲举目张的作用。

(2)质疑关键词句

关键词句,或突出人物性情,或推动情节发展,或表达别具一格,或蕴含深刻的哲理,或映射文章中心,或说明事物特征,是阅读中必须重视之处。

(3)质疑标点符号

标点符号虽非文字,但其表达作用也不可小觑,它反映了文章的语意、情感和思维,在阅读、写作教学中应关注对标点符号的质疑。

(4)质疑文本"空白"处

对文本的对话实质是一个创造文本意义的过程,而对文章空白之处发问则有助于加深理解,提高想象和分析能力。教师抓住疑点,让学生速做研讨并进行片段写作、交流。加深了对文本意蕴的领悟。

(5)质疑教材疏漏处

教本也并非无可挑剔,也可能存在不足甚至错误(包括课文本身和有关注解、图片、练习)。即使本来没错,但学生确实感觉有错也完全可以提出。比如,一位老师讲《灰姑娘的故事》时,学生提出"午夜12点以后所有的东西都要变回原样,可是,辛黛瑞拉的水晶鞋为什么没有变回去?"老师说:"你们太棒了!你们看,就是伟大的作家也有出错的时候,所以出错不是什么可怕的事情。我担保,如果你们当中谁将来要当作家,一定比这个作家更棒!"

(6)质疑值得比较处

比较,可以是一篇课文内容之间的比较,也可以是文本之间(所学课题与相关主题材料)的比较。对文本人物关系进行比较质疑,从而深刻地理解题旨。

(7)质疑"自相矛盾"处

某些文本在内容之间、内容与形式之间、语言之间存在"相互矛盾"的地方,而这些矛盾的背后多是作者之有意安排和巧妙构思。

(8)质疑文章题旨

文章主题也不见得都是"一统江山",在多元解读过程中也可能存在争议。教师应把上述"问路""疑点"向学生逐加引导、渗透,使之问而有路,学会多角度、多层次、多方式地发问。需要指出的是,学生探寻"问路""疑点"时,不能仅抓不懂之处,对自己虽较理解或有所创见但对大家思考研探有帮助的地方也要尽量地提出来。

3.善于科学引导,提高学生提问的水平

把提问的权利还给学生,其发展的最高层次在于让学生自主提出需要解决的问题,对此不可能一蹴而就。要在教学中引导学生自主发问,教师通常需要创设良好的问题情境,点燃和刺激学生的求知欲,促使学生在寻求解决问题的过程中不断地发现新问题。

让学生自行质疑,离不开教师有效地"导疑",这不仅体现在教师教给学生的思维方法,更体现在教学的课堂艺术上。毕竟,在课堂上把提问的权利还给学生,对教师来说增加了教学的不确定因素,可谓是不小的挑战。学生存在内在差异,他们的提问也存在较大差异,对于直指要害、切合教学预想、与多数人不谋而合的提问,教师因为有了较充分的预料和准备,一般不成问题。但面对有些情况,恐怕就不是这样了。因此,在课堂实践中,面对学生的发问、发言,不少教师感到无所适从,有时一面倡导学生发问、发言,一面又对此限制、回避,或者干脆"跟着感觉走",导致学生提问与后续教学的异化,学生质疑能力反而缩水。

《学记》云:"善待问者如撞钟,叩之小者则小鸣,叩之大者则大鸣。待其从容,然后尽其声。不善答问者反此。"语文课上,面对学生提问,教师更要做到"善待"。但是"善待"不是一味地宽容,教师要讲究方法策略,让学生无意义的提问变成有意义的提问。为此,教师应注意以下几点:

(1)适时点化搭桥解围

学生的提问粗泛笼统、浅显朦胧是常有的事,在这种情况下教师不能简单应承,而应做必要的细化、深化、转化,主动出手搭桥解围。

学生提出粗浅模糊的问题,或缘于缺乏提问的表述要领,或缘于认识

上的似懂非懂、情思受阻，教师这时就要为提问者和其他学生搭设走近文本的桥梁，适时化解，从而进行有针对性地质疑和解疑。

(2)恰当疏导及时纠偏

学生的提问应围绕教学中心展开，但是也不免有偏题、离题的质疑。对此，教师要做的是既不能让提问活动偏离正轨，也不能对学生的质疑简单否定，打击学生的质疑精神。

(3)拨浊为清

缘于某些社会观念影响和认识偏差，学生对有的课文的生活场景难以体验，可能自觉不自觉地误读，提出一些离谱走味、在情态上却能一度"惑众"、影响对文章题旨把握的问题。这时，教师必须拨浊为清。

(4)正视异议，激发热情

学生在学习过程中的主动发问，不能简单定格于以疑问句和疑义形式呈现的提问，以陈述句形式直接表达自我观点、主动提出异议的"破格"也应视为学生的一种提问，而且是一种高姿态的发问，它表明学生在提出和发现问题之后对问题做出了自信的回答，很希望自己的疑问和结论得到大家关注，以从中得以验证。这种提问题的方式应被鼓励，因它可能衍生出诸多争议，最终取得意想不到的效果。

当然，面对学生直陈异议，教师应分析所提问题蕴含的教学价值，不是简单封堵而是"因问制宜"，引导全体学生动起来，多看、多思、多说、多议。这里更重要的不是判断对错，而是由此激发学生的批判精神、求异思维和问题意识。

(5)学会等待，以静制动

课堂上，教师应以示范、精要的提问激起学生的思考、探询，进而引出和促进"生问"。针对学生的提问，特别是当其提问在看似"山重水复疑无路"的研讨中渐显"柳暗花明"时，教师更要克服急于告知、急于表态的习惯。把提问的权利还给学生绝不是变"师问生答"为"生问师答"，也不是学生一时答不上来就有教师代学生来做分析。

让学生提问，教师对其提问类属不可做出限制，首要之处在于做出有效地判别、反馈、引点。有的问题即时反馈(容易即时解决的)，有的延时反馈(需要深入地分析);有的问题做单个反馈,有的则组合反馈,有则不做评判(不做反馈也是一种特殊的反馈形式);对某些重点问题既有先期的反馈,还要有后续的反馈。在互动中,既会有学生的自然回应,也要有教师的适时介入;既有正面回应,又可旁敲侧击;既有自由的讨论,又要有必要的讲解。如此,通过师生对问题合理而又自然的筛选、合并、归纳,可增强课堂教学活动的针对性和有效性。

语文课无论怎样把提问的权利还给学生,最终都要以促进有效教学、促进学生发展为目的,都要遵循对话和提问的基本原则,都要围绕语言和思维训练的主轴。着力于学生分析问题、解决问题能力的提高。所以,它既不是"虚假还权",也不是"无限还权""随意还权",学生提问的自由性、选择性和有效教学的规定性必须有机地结合,这是必须反复重申的问题。

把提问的权利还给学生,并不意味着所有的问题(特别是探究性问题)都要由学生提出,在课堂里,教学内容当然最好由学生提出,然而有些内容还是需由教师提出,语文教学应该营造宽松的氛围让学生学其欲学,但是对身陷其中的问题,学生通常不能明确地意识到,因而就需要有站得比学生更高的教师来提出,或者有目的地引导学生意识到进而能够发现问题。

四、把评价的权利还给学生

(一)"把评价的权利还给学生"的含义

把评价的权利还给学生指的是让学生对自己、同伴、教师以及学习过程、学习内容本身等做出评价。学生可以评价自己、同学、教师在教学过程中的行为状态、精神面貌、习惯态度、行为结果等,也可以评价学习内容、学习方法、学习环境等。总之,把评价的权利还给学生就是让学生参与到对教学活动诸要素的评价当中。在学习过程中,学生既是施评者,又是被评者。作为施评者,学生由原先的被评价对象转变为评价的主体,可以根据一定目标或标准对自己的学习、同伴的学习、学习的内容乃至教师的教学内容或方法等进行评价;作为被评者,学生对来自自我和同学及教师的评价做出反馈,并以此调整和改进自己的学习状态。

(二)为什么要把评价的权利还给学生

《课程标准》指出:"实施评价,应注意教师的评价、学生的自我评价与学生间互相评价相结合。加强学生的自我评价和相互评价,由学生本人、同伴、教师对学生在学习过程中的态度、兴趣、参与程度、任务完成情况以及学习过程中所形成的作品等进行评估;在评价时要尊重学生的个体差异,促进每个学生的健康发展,要综合采用多种评价方式。"

1. 把评价的权利还给学生,是学生成长的需要

学生评价自己是一种自省的过程,学生通过对自己的评价,认识到自己的优势或不足,这无疑更有利于学生健康成长。此外,教育心理学研究表明,对学生来说,同伴的评价通常比教师的评价更有说服力,学生显然更在意同伴对自己的看法和评价,因此同伴的评价通常更具有激励的作用。同时,在评价同伴的时候,评价者本人也会自觉地得到启发,通过与同伴的比较,明确自己的努力方向。因此,学生评价可以让学生自省、借鉴。

2. 把评价的权利还给学生,是教师成长的需要

学生对教学过程诸要素的评价,教师可以更好地把握学生的学习心理,了解学生的思想脉搏,从而采取恰当的教学方式方法。根据学生的评价结果和要求,教师可以适时调整自己的教学策略,不断地弥补自己的不足,从而做到教学相长,不断地提高自身的教学艺术。

教师应把评价的权利还给学生,应当鼓励学生在学习过程中学会评价,并引导学生恰当地评价自己和同伴,正确对待别人对自己的评价,从中获得启示,并借此增强学习的反思能力,学会自主地调整自己的学习活动,提高学习的效率。

(三)怎样把评价的权利还给学生

把评价的权利还给学生不是简单的放权。学生对如何评价通常知之甚少,对如何正确面对别人对自己的评价更是缺少必要的心理准备。如果教师只是简单地放权,通常会出现评价滥用、失当的结果,起不到促进学生健康成长的效果。把评价的权利还给学生应该分为两步走:让学生敢评价和让学生会评价。

1.要转变角色,创设和谐的教学氛围

把评价的权利还给学生,教师首先要转变教学理念,要重新定位自己在课堂上的角色,一定要改变高高在上的知识权威者的身份,走下讲台,到学生中间去,以平等的身份参与学生的活动,把学习的权利还给学生。让学生做学习的主人,把对课文内容、人物形象、写作方法、语言特色等教学内容的评价权利放手交给学生,让学生各抒己见,畅所欲言,在思想的碰撞中加深对问题的理解,既锻炼思维又培养语言表达能力。同时,教师也可以借由学生的评价把学生的思维引导到更宽泛或更深刻的层次。

2.要适时引导激励,让学生会评价

把评价的权利还给学生,教师要善于激励与引导,充分组织学生自评与互评。自评就是让学生自己评自己,要让学生学会用"一分为二"的观点看待自己的学习表现,让学生在独立思考、判断中,发现自己的成功之处和不足之处,鼓励他们客观地评价自己,有针对性地做出自我改进,让他们在参与评价中学会发现自我,从而进一步提升自我、完善自我。学生互评时,通常是站在同一高度看问题,这样更容易被同伴接受;所谓当局者迷,旁观者清。学生在评价别人的同时,自身也会加深认识,对问题的理解也会上升一个层次,从而提高自己的比较、分析能力;在对同学进行评价时,学生自身的思维能力和语言表达能力也得到了提高,也可以锻炼自己的判断是非能力和口语表达能力。当然,学生自评和互评后教师要注重发现学生表现良好的方面,学生答得好,及时称赞;学生的观点不对,表达不好的时候,教师应及时引导,不使学生感到难堪,让学生保持轻松愉快的心情去品尝成功的喜悦,从而增强他们自我完善的信心。

3.要优化教学过程,让学生能评价

把评价的权利还给学生,教师就要优化教学过程,形成与之相适应的教学模式。

五、把学习的过程还给学生

(一)"把学习的过程还给学生"的含义

把学习的过程还给学生,就是以人为本,以发展学生个性为主旨,以

让学生学会学习为根本目的,满足学生自身发展的需要,更好地发挥学生在学习过程中的积极性和主动性;就是追求学生在整个学习过程中真正的主人翁地位和作用,从而引导学生在积极主动的思维和情感活动中实现语文素养的全面提升,促进学生良好个性和健全人格的和谐发展。

把学习的过程还给学生的具体内涵,包括学生个体或集体在学习过程中具有提出并确定学习任务的权利,采用自己喜欢或习惯的方式进行独立、合作学习的权利,对共同学习的同伴进行自主选择的权利,对练习和作业进行自我设计和自我选定的权利,对学习结果和课堂学习状态进行评价的权利,对课堂作业拥有自主设计和选择的权利。

(二)为什么要把学习的过程还给学生

《课程标准》指出:"学生是学习和发展的主体。"真正以学生发展为本的教学过程,应该是在教师指导下,学生主动地、富有个性地自觉学习的过程。这个学习过程就其实质来说,是自觉、自愿、自由的。但在当前的教学实践中,仍然存在教学过程中忽视学生自主性的弊端,具体表现如下:

1. 诵读不足,分析介入太快

学生对阅读文本的感知还没有形成自己的判断,教师就很快地安排讨论、交流、分析,导致学生被动认知,其结论是无根据的。

2. 讨论不足,分歧消失太快

当课堂出现不同"声音"时,教师或主观裁定,论定是非,或迅速给出正确的答案,尽快结束分歧。学生思维根本发展不开,思维能力的提高也就无从谈起。

3. 自主不足,包办指令太多

在整个学习过程中,学生学什么,怎么样来学,学习的状态、质量如何,基本是由教师主宰。即使是质疑的环节,言语也要有所暗示,学生基本没有自主的权力。

以上几点总结起来即"过程"展开不足,"结论"得出太快,从而失去了学习过程的本质意义。在这样的学习过程中,介入了更多外在的或盲目的力量,将教师所理解的发展道路和方向机械地强加给每个学生,这就偏离了学生的本性。在这种教育情境下,学生学习的需求被丧失殆尽,他们不再是学习的主体,不再体验到学习的内在价值,不再保持旺盛的求知欲和探究精神。长此以往,学生"在心理上和精神上越发萎缩,缺乏冲动,只拥有某种机械的才能来代替生动的思想"。

(三)怎样把学习的过程还给学生

在"和谐高效思维对话"课堂建设活动中,一种新的语文课堂——自主课堂,成为激活学生思维、提升学生学习兴趣的一种新课型。自主课堂是在"以学生为中心来设计教学"这一现代教学设计理论的核心思想指导下,遵循以学定教的教学原则,运用现代教育理论,反复研讨"和谐高效思维对话"课堂教学要旨,由多个课堂教学案例提炼而成的。下面以自主课堂来说明"把学习的过程还给学生"的实施策略。

1.自主确定学习任务和目标

所谓"自主"确定学习任务和目标,并非任由学生随心所欲,而是要由教师引导学生遵循一些原则和方法。根据《课程标准》精神,学习目标的确定要考虑三个方面:知识与技能、过程与方法、情感态度与价值观。具体到某一篇文章,教师要提醒学生捕捉一些重要信息,要参考单元教学要求,要分析文本在单元中的地位与作用,要考虑文本自身的内容、写法及文体特点,要结合课后练习中的设题等,从这些信息中提炼出教材编者、文本作者的想法和意图。整合自己具备的阅读和情感积累以及对文本的初步感知和所遭遇的学习问题,自主确立学习内容和目标。

应该承认,学生刚开始时可能不适应,确立目标不那么合适,而且可能浪费时间。这就需要教师充当好一个组织者、指导者的角色。在这个过程中,老师的作用就是做适当的方法引导,再辅以平等的商讨对话。以提升学生的思维质量,确保任务和目标确立的科学性。教师一定不能"包办",要相信学生,经过一段时间训练后,肯定会总结规律、提高能力。为了少走弯路,在学生自主定标的基础上,可让他们先在小组内交流、修订,再到班上交流、补充、校正、完善。

2.自主选择学习方式

学生是语文学习的主人。语文教学应激发学生的学习兴趣……尊重学生的个体差异,鼓励学生选择适合自己的学习方式。因此,教学要在更多的环节上,变教师的"指令性"为学生的"选择性",使学生的主体地位得以落实。

只要找到适合自己的学习方法,每个人都可以利用最少的时间和精力学习尽可能多的知识。在研读课文的时候,教师应该让学生在一定程度上自主地选择自己喜欢的、习惯的或者适合自己的学习方式。学生可以选择自主学习,自己查阅工具书、资料,自己阅读文本,独立思考问题;可以与自己喜欢的学习伙伴一起合作探讨问题;可以在小组内各抒己见,共同讨论研究问题,也可以与教师交流对这个问题的看法,选择有意义的接受性学习。对一段语言文字的理解,既可以朗读,也可以默读,还可以讨论;既可以背诵,也可以表演,可以边读边画,还可以展开想象,学生有自己的理解的方式,"选择"也应该是每一个学生不同的选择。教师应充分尊重学生的选择,尊重学生的个体差异。这样学生才能真正地感受到自己是学习的主人,才能积极地参与教学过程。

3. 自主选择学习同伴

小组合作已被越来越多的教师广泛地运用在课堂教学中。学生在个体自主探索的基础上,互通独立见解,展示个性思维方法与过程,师生间和学生间多维互动、小组讨论、分析与交流,在交流中反思、补充,在碰撞中提升思维质量,智慧共享,使自己的理解更加丰富与全面。

习惯上,这些合作同伴都是由教师指定,一般是以固定的学习小组为合作单位,这样固然可以体现一定的组织优势,但如果教师放手,让学生根据具体的学习情况、具体的学习内容、具体需求来选择自己所需要和喜欢的学习伙伴,允许学生打破空间的限制,让学生自己决定独立学习或选择同桌、好友、教师合作学习,那么可能会有意想不到的效果。

选择学习同伴,教师要引导学生强化"角色"意识。选择不同的学习伙伴,在学习的过程中担当的"角色"以及所起的作用不同;有时是组长,有时是组员;有时是指导者,有时是请教者;有时是志同道合者,有时是辩论对手;有时是发言的主角,有时是观众和听众。无论是哪一种"角色",都必须做到既要发挥个性特长,又要紧密合作;既要配合,又要竞争;既当老师,又当学生;既有探索,又有交流;既能坦诚地提出自己的思考与判断,也能理解并尊重同伴的意见和权利。

"茶馆式"学习法就很适合学生根据自己"角色"的需要,来选定学习伙伴。学生的自我需要得以实现,学习兴趣自然就浓了,学习收效也就更大。

4. 自主选定作业

每个学生的认知水平、思维方式、兴趣爱好等各不相同,教师在布置课堂练习、家庭作业时,应允许学生在练习的内容、数量、深度、形式上有一定的选择权利,可依据学生学习的基础、接受能力的差异,设计可供学生根据自己的水平作答的弹性练习,以有利于促进有差异的发展。比如,在作业数量上,体现一定的自由度;在作业的内容和形式上,放手让学生依据自己的喜好、特长进行选择。

5. 自主评价学习状态和结果

评价主体的多元化是新课程实施的要求。实施自主评价需要注意以下几个问题:

第一,评价的对象:学生个体、小组、群体、自我。

第二,评价的内容:在学习过程中主动学习的积极性、参与度、思维度,对学习方式方法的选择,方法、知识、技能的获取,发展目标的达成度以及学习过程中暴露的不足等,也就是主要评价学习主体性发挥是否充分。

第三,评价的方式:可以划分有效的学习小组,一般以4名学生为宜,组长是实施自主评价的组织者、监控者。制定小组评价标准,设立小组评价档案,结合实际进行有效的评价活动;也可以搭建活动平台,实施自主评价。比如设立"一课一评"活动,把每节课最后的3～5分钟留给学生,按照评价标准和设定的内容由学生一一做出评价,并提出改进意见。

第四,评价结果的呈现:评价结果的呈现方式除了分数和等级外,还应用最有代表性的事实来客观地描述学生语文学习的进步和不足,并提出建议。

(四)把学习过程还给学生应该注意的问题

1.创设和谐氛围,关注不同"声音"

教师必须创设生动、开放、宽松、和谐的教学情境,引发学生的自主学习动机,激发自主探索的欲望,让学生在一种无拘无束、自由畅达的思维空间中尽情地呈现自己的思维和判断,尽情地表达自己的观点和情感。教师的一个微笑、一声赞语,甚至一个轻微的颔首,对学生都是一种莫大的肯定和激励。和谐氛围的营造还表现在对不同"声音"的关注上。所谓不同"声音",就是指学生对文本、教材编者,对师生的观点提出的个性化解读和质疑。对待这样的"声音",教师的搁置冷处理或者表现漠然都会打击学生的创新思维、主动求索的积极性,所以更要给予保护和激励,学习过程才会出现思维撞击闪烁的火花。

2.重视文本诵读,巧设问题情境

诵读是语文学习的重要方法,琅琅书声永远是语文课堂最动听的声音。教师必须给学生尽量多的时间和机会,利用各种方式阅读、感知、品味文本,从而形成语感。

朱熹曾经指出,读书无疑者须教有疑,有疑者却要无疑,到这里方是长进。教师的主导作用体现在为学生创设一个好的问题情境,选准切入点,激发学生的探索欲望。教师要善于建构严密的思维区间,让学生形成合理的推断,通过巧妙的设问,使学生心中产生疑窦,从而引发积极的思考,最终由学生自主解决面临的问题。教师的启发诱导应该带有牵动性,"牵一发而动全身",让学生获取的知识成为继续发现问题获取新知的起点和手段,形成新的问题环境和学习过程的循环。

总之,构建自主课堂是把学习过程还给学生,是落实"和谐高效思维对话"课题思想的一个重要切入点。当然,强化学生的主体性,并不等于弱化教师在课堂教学中的主导作用。相反,教师的谋划和设计,是把学习过程还给学生、成功实施自主课堂的关键。在做课堂设计时,设计的问题要注意发散与开放,实施的操作要强调综合和实践,设计的环节需摒弃繁杂与程式。教师在课堂上要敢于取舍,整体着眼,减少环节。教学内容不

必面面俱到,教学结构不需完整,更不必完善。讨论的论题宜大忌小,要让学生有充分的思维余地。教学过程中要彻底摒弃教学内容的程式化及教师语言的程式化,一切着眼于学生的疑惑及需要。教师还要善于眼观六路,耳听八方,从学生身上获得信息并及时调整原有的教学思路,增删原定的教学内容,真正实现把学习的过程还给学生。

第二节　提高学生活动的思维品质

学生学习效率的高低、学习质量的好坏很大程度上取决于学生学习的思维品质。在学习过程中,能做到思维专注、活跃、积极主动,一方面能够提高学习效率;另一方面能够享受到探究成功的喜悦,激发学习兴趣,形成学习能力,从而也就提高了学习质量。

一、什么是思维品质

思维品质是衡量一个人智能水平高低的重要指标和发展思维能力的突破口,它反映了个体智力或思维水平的差异。思维品质一般包括思维习惯的养成和思维能力的状况。

思维习惯可以从以下三个方面来评价:一是遇到问题是否有积极调动思维的习惯;二是学生思维能否做到较长时间的专注,即我们常说的全神贯注;三是思维过程中是否有较强的抗干扰能力。

思维能力主要包括思维的敏捷性、灵活性、广阔性、深刻性、独创性和批判性等。主要表现为:遇到问题能够较快地找到思路;思路阻塞时能够及时变通;思考问题能够多角度兼顾;分析问题能够以"我"为主,不人云亦云;辨析现象能够鞭辟入里,深入实质。学生只有具备了这样的思维品质,才会受益终身。

二、为什么要提高学生活动的思维品质

《课程标准》指出:"在发展语言能力的同时,发展思维能力,激发想象

力和创造潜能;逐步养成实事求是、崇尚真知的科学态度,初步掌握科学的思想方法。"这里反复提到"思维能力""科学态度""思想方法",归结起来不难看出,思维是其中的核心。也就是说,语文教学最终要培养学生的思维能力,提高学生的思维品质。

但长期以来,语文教师对课堂教学的这一本质性目标是缺少认识的,更谈不上自觉有意识的教学实践。语文课堂过于强调学生"学会",忽视学生"会学",重视知识的传授,忽视思维能力的培养。最常见的问题有这样几类:一是教师的思维替代了学生的思维;二是抄、记、背的指令取代了学生思维;三是盲目的小组活动缺少正确的思维引导。长此以往,学生思维能力的培养严重不到位,学习依赖心理较严重,只是听听记记,不善于动脑,思维懈怠。因此,学生良好思维品质的培养已成为语文教学中亟待解决的问题。

三、怎样提高学生活动的思维品质

需要强调的是,学生良好的思维品质需要在学习过程中逐步形成,不可能一蹴而就,需要教师在教学过程中从每一个细节做起。让学生养成勤思考的习惯,使学生能动脑、爱动脑,形成敢于质疑、乐于探究的习惯,以思维习惯的养成促进思维能力的提高。提高学生活动的思维品质可以从以下几个方面入手。

(一)培养学生积极思维的态度和习惯

良好的思维习惯、态度是提高思维品质的前提,所以必须在教学中及时发现并帮助学生排除不利于积极思维的一些心理障碍。如习惯教师讲,不爱发言,形成惰性心理;有了问题完全依赖教师、同学和参考书,张口就问,翻开书就抄答案,依赖心理严重;人云亦云,有从众心理;自卑胆小,怕人笑话,有畏难心理;机械记忆,学而不思,有守旧心理;"热闹是他们的",没兴趣,心理封闭。这些心理障碍,都直接导致学生不愿思考,不爱思考。"学而不思则罔",关注并纠正不良的思维态度,有助于形成良好的思维习惯。

语言背后隐藏着思维品质。培养良好的交际习惯，即培养良好的思维习惯。如讨论时要悉心倾听，边听边想，不能"有耳无心"，自顾自言；为了更好地表达自己的见解，表达前要默默地想一想，整理思路，组织语言，培养思维的条理性；讨论时要避免互相嘲讽、攻击，以学习的态度交流思想，以合作的精神进行知识地探究；对于爱表现的学生，一方面肯定他们善于思考的行为；另一方面也引导他们给别人留下表现机会，避免一枝独秀式的发言，实现全员参与。这样的指导"磨刀不误砍柴工"，有利于思维对话的有效开展。

（二）在阅读教学中培养学生良好的思维品质

存在于学生大脑中的思维，对于教师来说，是看不见、摸不着、没法掌控的，教师要在平时的课堂教学过程中训练它，就需要找到一个载体，一条"传输带"。语言是思维工具和交际工具，它同思维有密切的联系，是思维的载体、物质外壳和表现形式。课堂思维的训练，通常要通过语言"对话"的形式来完成。依据思维规律，有目的地反复训练，不断地矫正学生不良的思维习惯，使思维主体逐渐形成主动探究知识以及多方面、多角度、创造性地解决问题的能力。

"思维对话"型课堂教学就是以思维为主线，以对话为思维载体的阅读教学新课型，充分体现了"提高学生活动的思维品质"这一教学策略。这里的"对话"是多方位的，正如《课程标准》指出的："阅读教学是学生、教师、文本之间对话的过程。"如何科学、有效地利用这个过程，使之"和谐高效"，真正提高学生活动的思维品质呢？首要的一点在于精选、优化对话方法，这样才能保证"思维对话"的扎实有效。[①]

1. 自主阅读法

《课程标准》指出："阅读是学生的个性化行为，不应以教师的分析来代替学生的阅读实践。"与文本对话的第一步就是要把阅读文本的时间还给学生，让学生充分自主阅读，在读中去感受情、领悟意、把握文本思想。

---

① 任永毅.如何把握高中语文新教材,提高学生的思维品质[J].大观周刊,2011(16):234—234.

"书读百遍,其义自见",充分的阅读才能为思维品质的发展提供足够的沃土。

(1)多种形式阅读

具体应根据教材的内容、难易度和教学目标等来定,如语言优美的文章宜朗读;情感深沉的文章宜范读;人物描写众多的文章宜分角色朗读;为扩大知识面宜浏览;为搜索信息宜速读;为强化积累宜诵读。于读中,学生的思维得以丰富。

(2)多种角度阅读

可从题材、体裁、人物、结构、思想、语言等角度入手阅读文本。"横看成岭侧成峰,远近高低各不同",阅读中进行多角度思考,可训练发散思维,培养思维的广阔性、深刻性、独创性。

(3)圈点勾画法辅助阅读

圈点勾画法辅助阅读即运用圈、点、勾、画等方式,将阅读中遇到的好词好句、关键点、一闪而过的见解感悟、难点、疑问随时记下来。此法可随时敦促学生仔细读书、时刻用脑,避免阅读懈怠,提高阅读效率,从而在阅读中保持良好的思维状态。

2.问题阅读法

学生课堂表现活跃,能举一反三地解决问题,是思维敏捷和灵活的结果。恰当的问题可以激发兴趣,训练思维的敏捷性和灵活性。

(1)连环发问

连环发问如击鼓传花,目的就是通过激励,促使学生全员紧张、兴奋起来,训练学生思维的敏捷性和灵活性。

(2)精当提问

"一石激起千层浪",提纲挈领的问题可以把教学的重点难点带动起来,引导学生进行深度地阅读。设计问题时,要准确分析学生的思维现状,找准问题的切入点,设计难易适度。让学生的思维有路可循,能较快地开展逻辑性思维活动,并促使思维向纵深发展。

3. 联想、想象阅读法

阅读中联想和想象，可从眼前事物发散到其他事物，联系起相关的不同知识和实践领域，或者再造全新的形象，从而使阅读体验更丰富。这样做不仅能提高思维的广阔性，还能提高思维的创造性、深刻性。

在阅读过程中启发学生展开联想和想象的常见方法主要包括：①通过创设情境、联系情节、结合体验、角色扮演等方法展开想象。②迅速浏览文章，把握思路和情感，运用联想进行突出要点的复述。③注重新旧知识的链接和对比，运用联想使知识系统化，形成思维链。

4. 质疑阅读法

"学贵有疑，小疑则小进，大疑则大进。"在阅读中质疑，学生将逐渐树立"不唯书、不唯上"的精神，锤炼思维的深刻性、批判性、创造性。

在质疑能力的训练上，可指导学生采取的做法有：①从自己有疑处起疑。②从遣词造句谋篇等方面质疑。③从个性情感体验等方面质疑。④不拘泥于已有的模式或他人见解，深入思考，大胆质疑。教材中的作品，即使是名家作品也会有知识、思想等方面的局限性，要敢于辩证地评判作家作品。

（三）在写作教学中提高学生学习的思维品质

写作是创造性的思维活动，整个过程无不依赖创作个体的思维品质。一般来说，思维的敏捷性表现为选题立意的快速，思维的广阔性表现为文章内容的丰富，思维的条理性表现为结构层次的清晰，思维的形象性表现为遣词造句的生动，思维的批判性表现为作品的创新，思维的深刻性表现为立意的深度。但是，目前学生作文问题很多，如结构模式化、材料大众化、语言空洞化、思想简单化等，更严重的是，学生惧怕写作，很多学生提起笔就感到无话可写，即常说的没有材料。学生丰富的生活经历，光读课本也读了成百上千篇文章，怎能说没有见闻、没有积累、没有材料呢？其实很多问题都出在思维方面，是学生思路狭窄、思维混乱、思维定式造成的。

反观我们的作文教学，通常侧重教的是就题论题的技巧，如如何审题、如何立意、如何构思、如何行文等,在急于求成的思想影响下,甚至进行开头结尾等速成训练,忽视了对学生思维品质与写作之间关系的研究,忽视了学生作文思维品质的培养和训练。乌申斯基曾指出:"谁要想发展学生的语言能力,首先要发展他的思维能力,离开了思维,单独发展语言是不可能的。"因此,作文教学抓住思维训练这个环节,才是抓住了问题的关键。教师只有在写作教学的过程中扎扎实实地对学生进行思维训练,指导学生了解和掌握思维的特点、规律及作用,并自觉运用到写作中,才能培养学生有个性、有创意地写作,才能真正地发展学生的语言能力。

1. 运用联想和想象思维,解决无话可写的问题

无话可写的主要原因不是真的没有材料,而是不善于联想和想象,所以不能及时调动已有的思维储备。写作时运用联想与想象,能激活沉睡在学生大脑中的生活、情感积累,调动学生的个性化体验,把众多材料汇集起来。联想跨度的加大又会进一步地促进语言的丰富、立意的深刻,这样,学生写出来的文章就不会空洞无物、虚情假意了。坚持这样的训练,有利于培养思维的敏捷性、灵活性、广阔性,逐步到达文思泉涌的理想写作状态。

2. 运用正向思维,解决立意慢、简的问题

正向思维也叫求同思维,即异中求同,去异求同,透过现象寻找事物的本质和一般规律。写作时运用正向思维,犹如手握点石成金的妙笔,能较快地立意谋篇,提高写作的效率,提高思维的敏捷性与深刻性。

3. 运用逆向思维与创造思维,解决千人一面的问题

逆向思维也叫求异思维,即打破常规,突破思维定式,从相反的角度看问题。创造思维有两层含义:一是发现生活中存在而未被发现的现象和本质;二是创造出生活中尚未存在的事物。写作中运用逆向思维和创造思维,能跳出俗套,使作文新颖、独特,富于想象。

4. 运用多向思维,也是培养独创性思维品质的重要方法

多向思维也叫发散思维,即从各种不同的角度进行思考,是一种广辟蹊径、开阔思路、寻求多种答案的思维方式。写作中运用多向思维,就会

最大限度地拓展思路，以便拓宽立意的范围，从所给素材中提炼新意，得出新颖而别具一格的立意。

在写作教学中，教师也应重视对话的形成，通过创设赏识、激励的课堂氛围，开展自主合作探究的学习活动，让自信充溢课堂，让思想飞得更远，让思维充分对话。

综上所述，思维品质的发展就是思维能力的提高。古希腊哲学家赫拉克利特说过："博学并不能使人智慧。"只有在学习和生活中善于思考，才能开出智慧的奇葩。语文教师应当创造性地开展教学工作，在构建"和谐高效思维对话"型课堂建设的实践中探索思维规律，开拓训练新路，努力培养学生良好的思维品质。

第三节 提高教师的教学艺术

教学是一门科学，更是一门艺术。提高教师教学艺术，是优化教学过程、升华课堂内涵的必然要求。

一、什么是教学艺术

教学艺术是指在教学过程中遵从教学规律、学生心理发展规律，娴熟地应用教学技能，以艺术化手法实施的具有独特性、创造性的教学实践策略和教学活动。教学艺术是唤起学生学习情感、产生学习需要的艺术；教学艺术是启迪智慧、完善人格的艺术；教学艺术是教师以教育智慧、教学机制进行创造性劳动的艺术。它是教师教学能力、教学风格的直接体现。

提高语文教师的教学艺术，就是在遵循语文教学规律和学生心理发展规律的基础上，通过优化教学目标、教学过程、教学方法、教学技巧、教学语言等形成充满个性的语文课堂，使课堂充满生命活力，使教学变成促进学生获得发展的精彩活动。

二、为什么要提高教师的教学艺术

《课程标准》在"课程的基本理念"中提出四点基本要求，即全面提高学生的语文素养,正确地把握语文教育的特点,积极倡导自主、合作、探究的学习方式,努力建设开放而富有活力的语文课程。在"教学建议"中又明确提出:教师是学习活动的组织者和引导者,教师应转变观念,更新知识,不断地提高自身综合素养。显而易见,要把语文课程的基本理念落到实处,根本的落脚点还在于教师教学观念与行为的转变。这就要求语文教师深刻地理解和把握课改精神,努力提高自身素质,不断地提高教学的艺术性。

魏书生认为,同样是课堂,有的老师视为畏途,有的教师视为乐园。同样一篇文章,一位老师讲,学生学得兴趣盎然,忽而眉飞色舞,忽而屏息凝神,觉得上课是一种享受。换一位老师讲,学生学得索然寡味,忽而闭目养神,忽而惊觉欠伸,上课简直成了受罪。可见,教师教育思想和教学艺术的差别,对课堂效果的影响也迥然有别,要真正实现"和谐高效思维对话"型语文课堂,提高教师的教学艺术势在必行。

三、怎样提高教师的教学艺术

语文教学的艺术性体现在课堂教学的各个方面,包括教学设计艺术、导课艺术、造境艺术、提问艺术、调控艺术、沟通艺术、语言艺术、板书艺术、评价艺术等。语文教师要通过自身的不断学习、探索、研究、反思,切实提高自身的教学艺术。下面就课堂导课、造境、提问、组织调控、多媒体辅助、板书、评价等方面简要谈一下如何提高教师的教学艺术。

(一)导课艺术

导入作为课堂"序曲",其重要意义不可忽视。好的导入如同桥梁,连着旧课和新课;如同序幕,拉开精彩的"唱段";如同灯塔,指引学生的思维航向。语文课的导入一定要紧扣文本特点,抓住学生的认知需要做文章,以求先声夺人之效。

(二)造境的艺术

语文教学需要营造一种有效的教学情境。适切的造境可以增添课堂情趣,发展学生思维,增进课堂的厚度与深度。造境的方法很多,可以演读配合激趣。

（三）提问艺术

提问是开启学生心智、促进学生思维、增强学生主动参与意识的基本手段。提问既是一种技巧，更是一种艺术。提问方法多种多样，现选取最重要也最为常见的几种做简单介绍。

1. 抓关键提问法

能否抓住关键问题进行提问突破，对课堂成效有很大的影响。教师应抓住关键问题打开缺口，掀起学生思维上的波澜，牵一发而动全身。这首先要求教师吃透教材、纵观全局，确立关键问题所在，于紧要处发问。

2. 激趣提问法

学生如果觉得教师提的问题过于简单，通常就提不起兴趣，教师如若深挖问题引导学生深入思考，可能就会产生"一石激起千层浪"的效果。有的课文看起来很平实、很简单，其实却独具匠心，那么运用这种提问方法，正好显示它的独到之处。

3. 循序渐进提问法

教师在进行提问时，有些问题不可一步到位，应如登山一样，要拾级而上，于峰顶领略无限风光。教学难点就可采用循序渐进提问法由浅入深，逐步引导，以达到学生理解课文的目的。在回答每个问题时，留给学生充足的思考时间，引导学生思考、讨论、探究，这样必然能达到一种很好的学习效果。

4. 扩展提问法

这种提问方法就是把现在所学内容和以前所学以及与此有关的内容连在一起提问，由新温故、由此及彼、融会贯通。扩展提问可以把各方面的知识连贯起来，建立起多方面的联系，培养学生"立体"思考问题的能力，这样学生会记得更牢、理解更深。

5. 巧妙追问法

教师应在课堂上准确捕捉思维"亮点"进行追问，有效的追问，可以引导学生的思考进一步向纵深发展，点燃学生的智慧之火，尽显学生的个性与灵性。追问一定要追到"点子"上，追而有道，不能"为追而追"，不能盲目而随意地"追"。

（四）组织调控艺术

课堂的组织调控是指教师为达成一定的教学目标，对教学活动进行的组织、促进、协调和维持的行为。要使学生在课堂上积极思考，主动参与，保证学习效率，教师必须着意于组织调控艺术的提高。如何组织学生参与教学过程，充分调动其学习积极性呢？教师除了对自己要有一个正确的角色定位，更主要的精力应该放在观察和调节学生学习状态、指导学生有效学习之上。

（五）多媒体辅助教学的艺术

语文教学的质量与所采用的教学手段有很大的关联性，恰当地运用多媒体技术，使其发挥有效的教学功能，可以使教学内容更丰富、生动、有趣，提高课堂容量，优化课堂结构，提高教学质量。

尽管多媒体技术使语文学习的时间和空间变得更为广阔，多媒体教学化繁为简，变抽象为形象，有效地提高了语文教学的质量和效率。但是，必须明确的是，多媒体只是一种教学辅助手段，而不是语文教学的全部，更不是语文教学的根本。语文教学必须从自身特性出发，摆正多媒体技术在整个教学过程中的地位。

（六）板书艺术

板书是语文课堂的"文眼"，体现了课文思路、教师思路和学习思路的统一。板书是展示教学脉络的窗口，要使板书恰到好处、自然朴实，我们应该注意如下几点：

第一，板书要做到目的明确。在板书设计之前就要考虑好突出什么内容，达到什么目的，做到胸有丘壑。

第二，板书要讲究灵活多样。教师可根据不同的教学内容和学生欣赏、理解的实际情况，创造性地设计反映自身特色而又灵活多变的板书。

第三，板书要力求悦目醒目。设计板书时只有做到悦目醒目，主次分明，才能吸引学生注意力，诱发学生学习动机。

第四,板书设计要精而美。"精"指内容简洁,重点突出,"美"指字迹清楚,结构匀称,形式优美,呈现过程恰当自然。

(七)评价艺术

德国教育家第斯多惠认为教学的艺术不在于传授的本领,而在于激励、唤醒和鼓舞。在课堂上,面对学生各种各样的回答,教师要耐心细致地加以分析并做出正确引导,绝不能简单地把正确答案一说了之,更不能对学生冷嘲热讽。这样,才能激发学生的学习热情。提高学生分析问题、解决问题的能力。教师的评价语言应真诚而亲切,恰当运用鼓励性的评价,这样才能让学生迸发出智慧的火花,让整个课堂充满生机。教师在鼓励赞赏的同时,还要注意评价的客观性。既要肯定学生的成功与进步,又要及时、明确地指出学生存在的不足与错误,让学生清醒、正确地认识自我,进而主动改进自我,完善自我,促进自身的发展。它符合现代语文教学理念,符合学生实际,符合小学语文教学规律,展现出一位优秀教师丰厚的文化底蕴和高超的教学艺术。

第四章 小学语文阅读教学策略

第一节 小学语文阅读教学概述

一、小学语文阅读教学的目标

阅读,一般指读者通过视觉去看用文字写出来的东西,从中得到某种满足。《语文课程标准》指出:"阅读是搜集处理信息、认识世界、发展思维、获得审美体验的重要途径。"这句话深刻地阐明了阅读教学在语文教学和学生全面发展中的重要地位。明确阅读教学的目标,有助于我们实施有效的阅读教学,正确把握阅读教学改革发展的方向。

《语文课程标准》将阅读教学的目标分为总目标和阶段目标两个部分。

(一)阅读教学总目标

小学阶段阅读教学总目标可以概括为:培养学生具有初步的独立阅读的能力,注重情感体验,有较丰富的积累,形成良好的语感。学会运用多种阅读方法。能初步理解、鉴赏文学作品,受到高尚情操与审美趣味的熏陶,发展个性,丰富自己的精神世界。课外阅读总量应在145万字以上。其中核心目标是培养阅读能力,注重情感体验,丰富积累,培养语感,发展健康个性。

(二)阅读教学阶段目标

1. 第一学段(1~2年级):

(1)喜欢阅读,感受阅读的乐趣。

(2)学习用普通话正确、流利、有感情地朗读课文。

(3)学习默读,做到不出声,不指读。

(4)借助读物中的图画阅读。

(5)结合上下文和生活实际了解课文中词句的意思,在阅读中积累词语。

(6)阅读浅近的童话、寓言、故事,向往美好的情境,关心自然和生命,对感兴趣的人物和事件有自己的感受和想法,并乐于与人交流。

(7)诵读儿歌、童谣和浅近的古诗,展开想象,获得初步的情感体验,感受语言的优美。

(8)认识课文中出现的常用标点符号。在阅读中体会句号、问号、感叹号所表达的不同语气。

(9)积累自己喜欢的成语和格言警句。背诵优秀诗文50篇(段)。课外阅读总量不少于5万字。

(10)喜爱图书,爱护图书。

2.第二学段(3～4年级):

(1)用普通话正确、流利、有感情地朗读课文。

(2)初步学会默读。能对课文中不理解的地方提出疑问。

(3)能联系上下文,理解词句的意思,体会课文中关键词句在表情达意方面的作用。能借助字典、词典和生活积累,理解生词的意义。

(4)能初步把握文章的主要内容,体会文章表达的思想感情。

(5)能复述叙事性作品的大意,初步感受作品中生动的形象和优美的语言,关心作品中人物的命运和喜、怒、哀、乐,与他人交流自己的阅读感受。

(6)在理解词句的过程中,体会句号与逗号的不同用法,了解冒号、引号的一般用法。

(7)学习略读,粗知文章大意。

(8)积累课文中的优美词语、精彩句段,以及在课外阅读和生活中获得的语言材料。

(9)诵读优秀诗文,注意在诵读过程中体验情感,领悟内容。背诵优秀诗文50篇(段)。

(10)养成读书看报的习惯,收藏并与同学交流图书资料。课外阅读总量不少于40万字。

3. 第三学段(5～6年级):

(1)能用普通话正确、流利、有感情地朗读课文。

(2)默读有一定的速度,默读一般读物每分钟不少于300字。

(3)能借助词典阅读,理解词语在语言环境中的恰当意义,辨别词语的感情色彩。

(4)联系上下文和自己的积累,推想课文中有关词句的意思,体会其表达效果。

(5)在阅读中揣摩文章的表达顺序,体会作者的思想感情,初步领悟文章基本的表达方法。在交流和讨论中,敢于提出自己的看法,做出自己的判断。

(6)阅读说明性文章,能抓住要点,了解文章的基本说明方法。

(7)阅读叙事性作品,了解事件梗概,简单描述自己印象最深的场景、人物、细节,说出自己的喜欢、憎恶、崇敬、向往、同情等感受。阅读诗歌,大体把握诗意,想象诗歌描述的情境,体会诗人的情感。受到优秀作品的感染和激励,向往和追求美好的理想。

(8)学习浏览,扩大知识面,根据需要搜集信息。

(9)在理解课文的过程中,体会顿号与逗号、分号与句号的不同用法。

(10)诵读优秀诗文,注意通过诗文的声调、节奏等体味作品的内容和情感。背诵优秀诗文60篇(段)。

(11)利用图书馆、网络等信息渠道尝试进行探究性地阅读。扩展自己的阅读面,课外阅读总量不少于100万字。

(三)阅读教学目标的特点

第一,从总体上看,阅读教学目标体现了总分结合、梯度有序的特点。总目标是阅读教学的总体指导思想,学段目标是总目标的具体化。例如总目标中提出"有较丰富的积累,形成良好的语感",导向很明确。在各学段目标中又多次提出要"丰富积累,培养语感",并提出了"九年课外阅读总量应在400万字以上"的要求。其中1～6年级课外阅读量达145万字以上,背诵古今优秀诗文160篇(段)。此外还提出了积累词语、成语、格言警句的要求。这样,各学段目标与总目标互相呼应,目标指向明确,可操作性强,有助于学生语文素养的逐步提高。

第二,从各学段阅读教学目标来看,体现了层次性和发展性的特点。各学段目标要求是按由低到高、由浅入深、由简单到复杂的逻辑顺序排列的。这样的设计既突出了各学段阅读教学目标的重点,又注意了各学段前后之间的衔接联系,较好地解决了长期以来存在的年段之间在教学目标和教学内容上的脱节问题。

第三,无论是总目标还是各学段阅读目标的设计,都体现了三维目标整合的特点。总目标中除了知识和能力目标外,还从过程和方法、情感态度和价值观方面提出了"学会运用多种阅读方法""受到高尚情操与审美趣味的熏陶,发展个性,丰富自己的精神世界"的要求。纵观各学段的阅读教学目标,虽然各有侧重,但都可以整合为三个维度的目标。三个维度互相渗透,融为一体,各个学段相互联系,螺旋上升,最终全面提高学生的语文素养。

二、小学语文阅读教学的理念

(一)以读为本

阅读课就是读书课,阅读教学就是教师指导下的看书读书活动。因此,阅读教学第一要务是读。《语文课程标准》明确指出:"阅读教学要重视朗读和默读""加强阅读方法的指导,让学生学会精读、略读和浏览。"可见,阅读教学必须重视阅读实践,要以读为本。学生阅读能力的培养,阅读方法的掌握与运用,必须通过自主的阅读实践实现。

以读为本,必须确保学生的主体地位,在课堂上要充分安排学生自主学习的时间和空间,让学生切切实实地去读书:在读中整体感知,在读中有所感悟,在读中培养语感,在读中受到情感的熏陶、美的享受。要让学生主动地读，自觉地读，该读出画面时读出画面，该读出情感时读出情感，该读出见解时读出见解，该读出方法时读出方法。读出情，品出味，悟出效，习得法，激活思，最终形成独立阅读的能力。

（二）珍视感悟

《语文课程标准》强调，阅读要珍视学生独特的感受、体验和理解。"珍视"即珍惜重视。"独特"，即独有的、特别的，具有个性的，包含学生个体的生活经验、知识积累和价值取向。这一理念深刻地揭示了阅读教学的本质，即学生是阅读的主人。

珍视学生独特的感受、体验和理解，就要充分尊重学生的阅读主体地位。《语文课程标准》指出：阅读是学生的个性化行为，不应以教师的分析代替学生的阅读实践。应让学生在主动积极的思维和情感活动中，加深理解和体验，有所感悟和思考，受到情感熏陶，获得思想启迪，享受审美乐趣。珍视学生独特的感受、体验和理解，就必须鼓励学生"多角度、有创意的"个性化阅读。富有创见的教师会注意营造良好的阅读情境氛围，激发学生完全敞开心扉，自由自在地显出个性去阅读，把阅读学习的过程当作自己生命体验的过程，真正融入作者的感情世界，与作者进行心灵的沟通，进行生命的对话，从而促进学生个性、情感积极健康的发展。

（三）培养语感

《语文课程标准》在课程的基本理念、课程目标中多次强调："指导学生正确地理解和运用语文，丰富语言的积累，培养语感，发展思维"，阅读教学"在教学中尤其要重视培养良好的语感和整体把握能力""鼓励学生多诵读，在诵读实践中增加积累，发展语感，加深体验和感悟"。这就是说，语文教学必须注重语言积累，培养发展学生的语感，这已经成为语文界的共识。

语感，就是对语言文字内涵的直觉领悟能力。人们对语言文字的表层理解和"言在意外"的深层次的理解，都需要凭借语感，才能领会其中的含义、情味和旨趣。培养语感对学生听、说、读、写能力的形成，能够起到积极的促进作用。语感不是与生俱来的，必须通过必要的途径，采取必要的手段进行培养训练才能获得。教师在阅读教学中要让学生广泛地接触并积累语言材料,强化语言训练,鼓励想象联想,加强朗读和诵读等方法的指导,让学生多读、多说、多听、多记忆,厚积薄发,促进其语言经验、知识向语言能力转化,形成良好的语感。

(四)注重课外

注重课外主要包括两方面的内容。

第一,重视课内外沟通。一是加强课堂内外联系。学生阅读的内容绝不应囿于教科书。教师可以在课前引导学生查阅相关资料,可以在课中穿插阅读相关文章,还可以指导学生课后开展拓展性阅读。二是加强校园内外沟通。《语文课程标准》指出:各地区都蕴藏着自然、社会、人文等多种语文课程资源。要有强烈的资源意识,去努力开发,积极利用。教师可带领学生走出校门,参观、访问、参与社会实践,鼓励学生利用节假日随家长外出旅游,开阔视野,增长见识。还可以引导学生听广播、看电视、上网,利用现代视听手段,拓展语文学习渠道。三是加强学科之间融合。学科间的渗透和融合,是现代课程改革的发展趋势。语文是文化的载体,阅读材料中必然包含社会、自然的知识,包含科学思想方法的启蒙因素,这就使得语文课程的阅读教学与科学课、品德与生活课等课程的教学有着密切的联系。同时,阅读作品尤其是文学作品有很强的艺术性,这使阅读教学与艺术课中的音乐、美术息息相通。因此,阅读教学要主动与其他学科联系,加强融通,拓宽学生的知识视野。

第二,重视课外阅读。《语文课程标准》在实施建议中指出:培养学生广泛的阅读兴趣,扩大阅读面,增加阅读量。并提出九年课外阅读总量应在400万字以上(小学不少于145万字)。这种开放的阅读教学观,对于学生拓宽文化视野、积淀人文素养、丰富思想内涵、优化言语能力具有长远的积极效应。

三、小学语文阅读教学的内容

阅读是读者与文本的相互作用、构建意义的动态过程,它包括词、句、段、篇等的学习。阅读课是读书课,是读书训练课,于是就有朗读、默读、诵读、精读、略读、浏览等阅读技能的训练。因此,阅读教学的内容是丰富多彩的,既有字、词、句、段、篇章的教学,又有各种形式的"读"的训练,在语言文字训练的同时,还要对学生进行思维训练和人文教育。

(一)词句篇章的教学

在传统的阅读教学中,教师要引导学生对文本的词、句、段、篇等进行品析。新语文课程的阅读教学理念有所变化,"它打破了原来的词、句、段、篇的阅读教学顺序,不再以词、句、段、篇作为阅读能力发展的外显标志。"和以往的语文教学大纲相比,《语文课程标准》在词句教学方面提出了"积累和运用"的新要求;在段的教学方面则降低了要求,避免了烦琐化,不再提分段、概括段落大意等有关段落教学的要求;在篇章教学方面,更加强调了对文本的整体感知,更加注重了对课文的整体把握。

词句教学主要强调了"理解"与"积累和运用"两个方面的要求。"理解"的要求主要是:理解词句的意思,体会课文中关键词句在表情达意方面的作用,辨别词语的感情色彩,体会词句的表达效果。"积累和运用"的要求主要是:在阅读中积累优美的词句,积累自己喜欢的成语和格言警句;在口头和书面表达中乐于运用自己平时积累的语言材料。重视积累与运用,是语文课程新理念的折射,也是当前阅读教学亟待落实的目标之一。在篇章教学方面,《语文课程标准》降低了对"段"的要求,只宏观地提出要引导学生在阅读中揣摩文章的表达顺序,把握文章的主要内容,体会作者的思想感情,旨在使师生从烦琐的教、学中解脱出来。虽然仍需要对学生进行"段"的训练,比如课文中的重点段落、优美段落要引导学生多读多品味。但反对将课文割裂为词、句、段、篇,更加强调对文本的整体感知。教师在教学中既要注意发挥段的教学作用,又不要陷入某些程序化的教学套路中。不必课课分段,应着眼于整体,注意选择值得揣摩品味的课文言语,引导学生推敲传神的字眼,品评优美的句式,剖析独到的表现手法,玩味精妙的构思,领悟含义丰富的句子,咀嚼富有个性的对话等,使学生读出文章的好处,领悟文章的韵味。

(二)阅读技能的训练

对学生进行阅读技能训练是阅读教学的重要内容之一。从阅读是否出声的角度来看,可以将阅读活动分为朗读、默读和诵读;从阅读目的的角度来看,常见的阅读方法有精读、略读、浏览。以上六种既是常见的阅读方法,也是小学生必备的阅读技能,《语文课程标准》在"总目标"中提出要"学会运用多种阅读方法",在"实施建议"中又做了明确的阐释:"各个学段的阅读教学都要重视朗读和默读。加强对阅读方法的指导,让学生逐步学会精读、略读和浏览。有些诗文应要求学生诵读,以利于积累、体验、培养语感。"

朗读是一种眼、口、耳、鼻、脑协同并用的有声的阅读活动。它有助于学生以声解义,以声传情,发展口语,加深对文本的理解,是语感训练的最佳手段。默读是不出声的阅读,即阅读时只用眼睛看、用脑子想,但不发出声音。默读时大脑将视觉获得的文字信息转化为内部的思维活动和言语活动,有利于提高阅读速度和理解能力。诵读是一种注重眼到、口到、心到的传统阅读方法,是通过反复朗读达到熟练程度的"读诵"。诵读有助于从文本的声律气韵入手,逐步加深理解和体验,体会其丰富的内涵和情感,达到潜移默化的目的。《语文课程标准》对每个学段都有诵读的要求:第一学段,诵读儿歌、童谣和浅近古诗,展开想象,获得初步的情感体验、感受语言的优美。第二学段,诵读优秀诗文,注意在诵读过程中体验情感、领悟内容。第三学段,诵读优秀诗文,通过诗文的声调、节奏等体味作品的内容和情感。可见,诵读主要强调诵读的过程与诵读中的体验、领悟和积累。

精读就是精细地研读,即放慢速度,反复咀嚼,读懂,读通,读透。精读不但是充分理解阅读材料的重要方法,而且有利于提高理解和运用语言文字的能力,培养良好的阅读习惯,促进学生语文素养的提高。略读是概览大意地读,这是一种快速地、提纲挈领地把握文本的主要内容、思想感情和写作特点的阅读方式。浏览,是快速地对文本信息进行识别、筛选,从中捕捉到有价值信息的阅读方法。浏览有助于迅速地选择阅读材料,搜集信息,开阔视野,增长知识,扩大知识面,也可以消遣娱乐。在倡导阅读能力主动发展和全球信息化的今天,浏览是现代人阅读必须掌握的方法和必备技能。

(三)阅读能力的培养

阅读能力是顺利地进行阅读活动所必须具备的心理特征的总和。《语文课程标准》指出:"阅读教学的重点是培养学生具有感受、理解、欣赏和评价的能力""逐步培养学生探究性阅读和创造性阅读的能力"。这体现了阅读教学理念的变化,即要将以前注重认知、被动接受的阅读,转变为注重发展、主动探究的阅读。阅读过程主要是阅读主体在阅读中进行感受、理解、欣赏、评价、探究、创造的思维过程。

1. 阅读感受能力

阅读教学是以阅读为基础的认知活动,人们的认识过程一般是从感性认识到理性认识。阅读感受能力是对阅读材料进行感知,获得鲜明印象、受到感染与激励的能力。它包括对阅读材料中的字词句的认读能力和对文本感性存在的整体直觉把握能力。《语文课程标准》关注学生的阅读感受,提出感受阅读的乐趣、感受语言的优美、感受作品中生动的形象、了解文本大意及主要特征、发现文本的精彩动人之处等,这些正是感受能力的体现。

2. 阅读理解能力

理解,是感受的深化与升华。阅读理解能力是"读懂"文本,并对阅读信息进行消化加工的能力。阅读理解能力是构成阅读能力的核心成分。衡量学生阅读能力的强弱,主要是看阅读理解能力如何。阅读理解能力包括理解词语的能力,理解语言构造(句、段、篇章)的能力,理解内容、情感的能力,理解表达方法的能力等。

3. 阅读欣赏能力

阅读欣赏能力就是能从欣赏的角度阅读文本,并具有初步品评优美的语言和写得准确、鲜明、生动的词、句、段的能力。诸如细心品味作品语句所表达的不可言传的微妙情感、体会不同的用词所具有的不同表达效果、品味作品中的语言技巧和写作技巧等。阅读欣赏的过程就是引导学生对阅读材料进行体验玩味，以体会其精妙魅力的过程。不同学段的小学生对阅读文本都有一定的欣赏能力，只是欣赏的水平不同而已。因此，对小学生的阅读欣赏能力不能漠视不管，也不宜操之过急。

4. 阅读评价能力

评价，即辨析是非与优劣。阅读评价能力是学生对阅读材料的思想内容、主要特点、写作技巧等方面做出恰当的评价的能力。如果说理解是从阅读材料的形式入手，逐步弄懂"写的是什么"，那么评价则是从内容到形式，对阅读材料进行"怎么样"的品评。《语文课程标准》在阅读目标中提出："对感兴趣的人物和事件有自己的感受和想法""与他人交流自己的阅读感受""在交流和讨论中，敢于提出自己的看法、做出自己的判断"说出自己的喜欢、憎恶、崇敬、向往、同情等，感受这些要求实际上是评价能力的萌芽形式与初级表现。

5. 探究性阅读能力

探究性阅读能力是在阅读中对文本的深层内涵或疑难点等进行探究，自主搜集、处理信息，以解决问题的能力。《语文课程标准》在小学阶段要求："能对课文中不理解的地方提出疑问""推想课文中有关词句的意思""敢于提出自己的看法、做出自己的判断""利用图书馆、网络等信息渠道尝试进行探究性阅读"。"探究"是一种富有创意的发现过程，探究的问题可能是未知的、有一定难度，它要求学生将所学到的知识、方法进行综合运用才能完成阅读，有时需要同学、师生、家校合作攻关。小学生的好奇心与探究心理，有时候远比初中生、高中生要强。因此，阅读教学中应珍惜学生的"探究"，鼓励学生主动探究，主动发现。探究的渠道可以在课内，也可以在课外。

6. 创造性阅读能力

创造性阅读能力是学生运用阅读材料所提供的信息，从中产生出他人未曾有过的独特的见解和新异的结论，或在原文的基础上创造出有价值的新作品的能力。所谓"创造",并不是在阅读课上搞什么发明创造,而是要珍惜每位学生独到的见解和富有个性的发现。例如,一位教师让学生阅读仙人掌与蟹爪莲的故事,学生阅读后的看法很不一致:有的认为,仙人掌把营养输送给了蟹爪莲,所以蟹爪莲才那么美丽,仙人掌无私奉献的精神值得大家学习;有的却认为,仙人掌这样做并不值得,它牺牲了自己才换来蟹爪莲的美丽,如果能让自己和蟹爪莲都长得生机勃勃才更好。阅读教学应鼓励学生不拘泥、不守旧、敢于创新的精神,有意对学生进行创造性阅读能力的训练和培养。

阅读能力是一个多侧面、多层级的复合结构。感受、理解、欣赏、评价、探究、创造代表了阅读能力的不同层次。这六种能力并非按直线一步一步形成的,六者互相渗透、互相影响,不同的阅读能力之间呈现出既相互关联,又相对独立的态势。教师要正确把握课标要求,在打牢基础的前提下有目的地进行训练,始终把培养和提高学生的阅读能力作为阅读教学的主要目标之一,切实提高学生的阅读能力和语文素养。

(四)人文教育的熏陶

语文课程的性质决定了语文课程具有丰富的人文内涵。将语文课程与自然类课程比较,可以看到,语文课程具有大量的具体形象、带有个人情感和主观色彩的内容,它包含政治、思想、道德、价值观、文化、文学、美学诸方面的因素,对学生的语文素养、艺术涵养、科学精神、品德修养的培育,对每一位学生文化底蕴、情感意趣、价值追求、人文精神的发展,乃至良好的个性与健全的人格的形成,都至关重要且影响很大。因此,对学生进行人文教育是阅读教学的重要内容。

阅读教学中的人文教育不应机械地割裂开来,而应有机渗透于词句篇章及阅读技能的教学中。关注丰富的人文内涵对学生的影响,首先应重视语文的熏陶感染作用,注意教学内容的价值取向。同时应尊重学生在学习过程中的独特体验。让阅读教学做到"以人为本",尊重人、关心人、服务人、发展人,引导学生热爱生活,关爱生命,健全人格。

第二节 词句篇章的教学策略

一、教学目标制定的策略

(一)凸显目标的学科性

"全面提高学生的语文素养"是语文教育的根本目的,也理所当然地成为阅读教学的标志性、根本性目标。因此,阅读教学目标的确立,应充分反映语文学科的性质。应注意把握语文教育的特点,更多地使用能体现语文学科特点的"阅读""理解""懂得""体会""联系上下文"等词语,使人一看就知道这是一堂语文课。

阅读教学目标的表述不仅要反映出"语文阅读课"的特点,还应力求反映出"小学"的特点。如"整体感知课文的大致内容",这一目标的表述语言就不够准确。怎样才算是整体感知而非部分感知?如果改为"能用自己的话讲述课文的主要内容"就更为明确,既体现出语文学习的特点,又适合新时期小学语文阅读教学更加注重对文本整体把握的要求。

(二)体现目标的三维性

《语文课程标准》提出了知识和能力、过程和方法、情感态度和价值观三维目标,为小学语文阅读教学目标的制定指明了方向。在阅读教学中教师要坚持从具体的文本入手,充分挖掘教材的各种因素,认真落实好语文知识与能力训练点,充分挖掘出文本所包含的人文性内涵。同时,还要考虑学生应经历怎样的学习过程,获得什么样的学习方法,形成什么样的学习习惯。教学中,我们要做好三维目标的整合,而不是把三个维度简单地叠加,要以"知识与能力"为主线,渗透情感、态度价值观,并充分地体现在过程和方法中。如《幸福是什么》一课的教学目标较好地体现了三维目标的整合:①读通课文,品味重点词句;了解童话在人物形象、故事情节、语言表达上的一些特点。②通过学生自读自悟,主动探究,了解故事内容,懂得幸福是什么。③理解幸福要靠劳动,要尽自己的义务,做对别人有益的事,发现身边的幸福,并懂得珍惜幸福。

(三)把握目标的发展性

阅读教学目标应具有发展性是指所确立的阅读教学目标蕴含了培养学生能力的显著成分,通过教学能有效地促进学生语文素养的提高,进而促进学生学习能力的发展。教师在设计阅读教学目标时,必须认真领会课程标准,深入钻研教材,准确把握学情从而设计出发展性阅读教学目标。

首先要认真领会《语文课程标准》,渗透课标精神。例如,阅读教学中"联系上下文理解词句"的教学目标,在第一学段定位为"结合上下文和生活实际了解课文中词句的意思",提出的学习目标是"了解";在第二学段则是,能联系上下文,理解词句的意思,体会课文中关键词句在表达情意方面的作用。能借助字典、词典和生活积累,理解生词的意义提出了"理解词意""体会关键词句的作用"等要求;到了第三学段,"联系上下文和自己的积累,推想课文中有关词句的意思,体会其表达效果"。逐步提出了"推想词意""体会表达效果"的目标要求,这样循序渐进、螺旋上升,最终实现"具有独立阅读能力"的总目标。因此,我们在设计阅读教学目标的时候,必须考虑课程标准对各个学段的要求,既着眼于学段目标的达成,又考虑原有目标的基础,兼顾与下一个学段目标的衔接。

其次要了解学生已有的语文基础知识,基本能力水平,以及兴趣、爱好、习惯、特长等,要立足学情设计教学目标。语文教师要充分了解学生,重视对学生个性差异的研究,使阅读教学目标尽可能地适应学生的发展水平,还可以让学生根据自己的个性特点确定自己的个人阅读目标。

在领会课标、掌握学情的前提下,教师还必须深入钻研教材,准确把握教材的重点、难点,确定具有发展性的阅读教学目标,做到既不拔高要求,也不降低要求,实施目标的过程与采用的方法要具有激励性,让不同程度的学生在原有基础上都有所发展。

(四)增强目标的可操作性

阅读教学目标应依据课程标准、学生实际、教师本身、教学文本四个方面进行综合考虑。目标的表述应该是明确、清晰、具体,可观察,可检测的。目标要求学生了解什么、理解什么、掌握什么、识记什么应一目了然。

如《黄河是怎样变化的》的情感目标:"引导学生体会课文语言的生动,感悟词句表达的感情"不如改成"有感情地朗读课文,读出语言的生动和词句表达的感情"。后者所用词语如"朗读""读出"等是可观察可检测的,而前者所用的词语"体会""感悟"则是模糊、不易操作和检测的。阅读教学目标的指向是全体学生通过课文学习后所达成的结果,学生是学习的主体,因此教学目标应该是学生在学习中的变化或结果,阅读教学目标的陈述应以学生为本位。阅读教学目标的表述越清晰明白,在课堂教学中也越容易把握,教学目标的达成率也就越高。

二、教学方法选用的策略

阅读教学的方法既有从整体上设计的方法,也有针对某一项具体内容设计的方法。每一种教学方法都有相对的优点和缺点,任何一种教学方法都不能认为是最佳的;只有多种教学方法综合使用,优化组合,才有望组合为有效的教学行为。巴班斯基在《教学教育过程最优化》中特别强调指出:在实际教学过程中,必须配合运用各种方法,运用多种多样的方法,能为学生认识能力的顺利发展创造良好的条件。

阅读教学的方法与教学目标、教材内容、学生特征、教师素质、教学环境之间存在着内在的有机联系,这就为教师在阅读教学过程中选择教学方法提供了基本策略。

(一)根据教学目标,选择教学方法

教学方法是为目标服务的,我们不能抛开目标盲目地确定教学方法,而应紧紧围绕教学目标来对教学方法进行选取、组合、优化。如果一堂课的教学目标重在字、词、句的理解、记忆,那么自然离不开教师的讲解和学生的诵读练习;如果一堂课重在掌握篇章的布局结构、写作技巧,则需要教师的分析讲解与学生的探究性学习相结合;如果一堂课的教学目标重在把握课文的主要内容、体会作者的思想感情,则需要引导学生反复品味课文、讨论体会,这自然离不开朗读、问答和讨论。如一位教师教《景阳冈》时,将"感受武松的人物形象"作为教学重点,教师采用了自读法、讨论法、表演法,让学生注意抓住课文中的动词,揣摩武松的沉着、机智、勇敢、

无畏的品格,从而加深对课文内容的理解。

(二)根据教学内容,选择教学方法

不同内容的教学有各自的规律,因而有各自的方法要求。叙事性作品、说明性文章、诗歌等不同类别的课文,各有各的讲法、读法。教学内容不同,侧重点不同,教学要求不同,教师所采用的具体教学方法就必然不同。即使是同一单元的课文,具体的教学方法亦可灵活多样。以人教版五年级上册第六单元为例,这是一组写人的文章,单元教学重点是学会人物分析,通过对人物的分析,来体会人物品质和饱含的情感。《地震中的父与子》既要让学生感受父爱的伟大力量,受到父子情深的感染,又要引导学生通过对人物外貌、语言和动作的描写,体会文章表达的思想感情,提高阅读能力。因此教学中,可运用朗读指导、赏析词句、品读感悟、想象延伸、情感渲染等多种方法。《慈母情深》则可以让学生在有了一定的评析人物能力的基础上,试着独立阅读,独立品析人物,体会平凡母亲的伟大。《"精彩极了"和"糟糕透了"》这篇课文的对话很多,且有鲜明的个性色彩。因此,要让学生在阅读中抓住人物动作、语言和心理活动描写的语句,体会作者是怎样逐渐理解了父母两种不同评价中饱含的爱,感受爱的不同表达方式。教学中可运用披文得意、自我感悟、联系生活、加深体验、反思文本、内化情感等多种方法。《学会看病》是略读课文,从母亲尽责的独特视角,反映了母爱的广袤深远。教学中可以通过品析、辩论的形式,对人物进行分析,引导学生全面认识母爱,激励学生在生活中注意磨炼自己独立生活的能力。可见,在选择教法之前,教师首先应认真地钻研教材,根据教学目标灵活地处理教材,然后再根据课文内容的特点及教学重点,选择教学方法。

(三)根据师生特点,选择教学方法

在阅读教学中,教师的知识结构、个性爱好、能力素质,都会影响教师对教材的处理和对教法的选用。因此,执教之前,教师应深入地研究自我,发现自我,界定自我,寻找自己的个性特色,把握自身的客观实际情况进行教法上的选择。幽默风趣的老师,可以以轻松、诙谐的语言和形态活跃氛围,激活思维;调控能力强的老师,可采用灵活多变的方法去吸引学

生的关注、参与教学过程；能书善画的老师，可以用漂亮的粉笔字和流畅的简笔画，使学生受到熏陶、感染；歌舞优秀的老师，还可以结合教材内容在适当的时机以动听的歌声、轻柔的舞姿引领学生感受语文课堂的美妙。新课程改革的宗旨是"为了每一位学生的发展"。在这样的教育理念下，课堂教学必须真正做到"以学生发展为本"。在阅读教学中，无论准备采用什么教学方法，都必须尊重学生的个体差异，为学生创设良好的自主学习情境，鼓励学生选择适合自己的学习方式。一个合格或优秀的教师，应在充分了解学情的基础上选择教法，形成自己的教学特色。

（四）根据教学情境，变换教学方法

教学活动是一个动态的过程，教学情境总是在不断变化的，教学方法也应随机应变。例如，当通过朗读和精彩描述唤起了学生的想象与情感共鸣时，若能进一步设疑激思，便能引发学生对深层内容的思考。当他们思而不明、言而不清时，画龙点睛的讲解就能拨云去雾，使学生在顿悟中共享思维的欢乐。一位老师在教《挑山工》时，有位学生站起来说："我认为说挑山工都很憨厚朴实不恰当，有的挑山工也很狡猾呢！"接着举了自己去旅游被挑山工欺骗的事情。学生的质疑出乎教师的预料。但她没有断然否定学生，而是抓住这个契机调整预定的方法，让学生展开讨论。最后，这位教师微笑着说："同学 A 说挑山工用自己辛勤的劳动来维持生活，用自己的劳动为旅游者服务，因此说他们是憨厚而朴实显然是没有错的，但同学 B 的意见也有一定的道理，因为现实生活中也确实有那样的人。所以我以为将同学 A 话中的'都'字改为'一般'，大家说怎么样？"学生纷纷对此表示同意。这样变换教法，既充分发挥了学生的主动性和创造性，又对学生进行了价值观的正确引导。

总之，"教学有法，教无定法，贵在得法"。阅读教学是一个复杂的、矛盾运动的过程，在教学实践中没有一成不变的固定模式。教师应在理解教材，掌握学情的基础上，充分发挥自身的特长和能动作用，灵活、创造性地运用教学方法，并注意各种方法的灵活搭配，发挥其综合效性，以获得最佳的教学效果。

三、教学过程优化的策略

苏联教育家巴班斯基最早提出"教学过程最优化"问题，所谓"最优化"，简单地说，就是在规定的标准时间里，取得最好的教学效果。阅读教学是具有高度实践品质的活动，是在学生积极参与下的师生双方的互动过程，教师、教材、学生是构成阅读课堂的三要素，因此阅读教学过程的优化就涉及灵活处理教材、优化施教过程和优化学生活动等方面。

（一）灵活处理语文教材

第一，要领会《语文课程标准》的精神实质，并自觉、合理地将它们融入每个单元、每篇课文的教学中去。第二，要通晓语文教材体系。语文教师要通读全套教材，从整体上把握编者编写教材的意图、编排体系。第三，要精读全册教材，把握单元组合的规律。第四，要吃透每篇课文，依据它在单元整体中所处的位置，提出每篇课文的教学要点，使前后课文的教学既有阶段性又有连续性。第五，要灵活处理教材。语文教材中的课文只是一些成功地运用语言表达思想的范例。教师不是教教材，而是用教材。阅读教学中教师、学生、文本之间不仅仅是知识的交换、信息的传递，还有意义的分享、灵魂的碰撞和精神的融通，课文意义就在这种动态的过程中生发，直到无限。

从根本上讲，阅读教学就是教师引导学生对文本进行感悟、理解、欣赏、吸收、评价的过程。教师对阅读教材的处理上应该"求活、求实、求新、求放"。求活，指正视学生的差异，教材的处理要灵活化、层次化、趣味化，能直接辐射学生的最近发展区，使其有所思、有所学、有所发展。求实，指对教材的理解和把握要实实在在，教学目标的设计应导向阅读教学过程是否符合学生的学习规律，是否能体现学生实实在在的"获得"，教材处理的密度、效度是否科学等。求新，指教师处理教材的观念要新，要有前瞻性，要用发展的眼光看教材、看学生，师生能围绕教材、围绕教学设计共同进行"三度创造"。求放，指处理教材时，教学框架的搭建要灵活，要开放，吞吐量要大，能便于教师在课堂中的宏观调控和微观的随即处理，教学过程能充分激发起学生对语文的热爱，形成积极追求的心理倾向，教学境界旨在达到"放得开收得拢",得心应手、游刃有余。

（二）合理创设教学情境

教师在阅读教学中合理创设情境,能提高课堂教学的趣味性,促进课文理解的深刻性,保证语言训练的效益性,能化抽象为形象,变苦学为乐学,让学生在轻松愉快中获取知识,提高语文素养。在阅读教学中创设情境的常见策略如下：

1. 创设问题情境,强化学生学习动机

在阅读教学中,教师有目的地设置问题,形成各种不同的问题情境,能引起学生认识的兴趣,形成探究的愿望,激发学生自主、积极、能动地、创造性地去思考。如教学《凡卡》时,提问："我们假设凡卡的爷爷收到了凡卡的信,你认为以后将怎样发展？"这样一个问题难易适度,针对性强,既丰富了学生的想象力,又使学生对凡卡悲剧的必然性做出了更深刻的理解。

2. 创设活动情境,落实重点教学目标

从突破教学重点考虑,可以创设活动情境,使学生动脑、动手、动口,以跃跃欲试的心态参与研读活动。例如,教学《曼谷的小象》时,可先让学生边读课文边扮演阿玲,一同来指挥小象。然后采访这些"小阿玲",这样就能让学生较好地理解文章的内容和阿玲的智慧。教学《寻隐者不遇》,可以让学生互相扮演诗人贾岛和童子,让他们根据古诗内容进行对话,更好地理解文章的内容。

3. 创设想象情境,培养学生的想象能力

教师依据作品语言的描述,或者借助图画、音乐等,启发学生在头脑中再造出相应的新的形象或场景,能有效地提高教学效率。在教《小小的船》时,一位教师用与诗歌融于一体的歌曲《月亮船》和一个美丽、宁静的夜景图创设情境,激发了学生的想象能力,从而营造了愉快的学习氛围。教学《我的战友邱少云》一文时,一位教师配上一段紧张的琵琶乐曲,让学生想象当时邱少云被火烧的情境。这样的情境创设,很快地就把学生带入了那硝烟弥漫的战场,感受到邱少云惊人的毅力和他顾全大局的自我牺牲精神。

4. 创设生活情境,加深学生对课文的理解

教师要引导学生认识、了解作者在文本中所反映的生活,而后才能领略作者在文本中表露的感情。请看《蒲公英》一课的情境创设:教学这一自然段,主要抓住"嘱咐"一词,让学生感悟到太阳公公对小蒲公英种子的关心和爱护。教师让学生联系实际生活:在平时的生活中有没有什么人嘱咐过我们?学生很快就想到了现实生活中的各种情景:天冷了,妈妈嘱咐我多穿些衣服;爸爸嘱咐我过马路时不要闯红灯……学生不仅回忆出了现实生活中的一个个鲜活的事例,同时也学会了用"嘱咐"造句。接着再让学生说一说爸爸妈妈在嘱咐我们这些话时,对我们是怎样的感情(充满期待、充满关爱),最后,让学生带着这种感情朗读太阳公公的嘱咐。这样一来,原先还不能很好感悟这段话的同学已经能充满感情地朗读了。

(三)机智驾驭语文课堂

阅读教学活动具有复杂性和多变性,课堂上的情况是千变万化的,这就需要教师具有高超的驾驭课堂的能力。在阅读教学中,教师驾驭课堂要注意做到以下几个方面:

1. 认真充分地备课,预设可能出现的种种问题

小学生思维活跃,对任何事物都充满了好奇。爱问、爱看、爱想,所以在课堂上会提出各种各样的问题,这就需要教师在备课时,尽可能地预设可能出现的种种问题,最大限度地避免在授课过程中遇到的突发问题。

2. 加强课堂教学组织,注意调控语文课堂

在阅读教学中,教师一要注意调控教学内容,对教学内容进行合理布局。对教学中的重点、难点和疑点部分,进行重点指导,对教学内容的非重点、非难点部分,教师就要略讲、精讲。二要注意调控课堂教学结构。课堂教学结构要环环相扣,重点突出,容量适度,节奏分明。三要注意调控课堂教学情感。调控教学情感是组织教学的重要手段。良好的师生关系是实施有效对话的前提条件,也是优化阅读教学过程的可靠保证。因此,教师要努力在语文课堂上建立平等的师生关系,创造良好的课堂教学气氛。要注意及时捕捉有价值的生成性话题,组织学生展开思维的碰撞,提高阅读教学的质量。要善于用自己的情感再现作品中的情感因素,使

教师的"情"与作品中的"情"交融相通,更有效地诱发出学生的情感体验,使教师情、作品情、学生情融入整个阅读教学中,课堂呈现出温馨的教学气氛。

3. 从容应对,灵活处理课堂偶发事件

小学语文阅读教学,涉及的范围广,接触的事物比较复杂,在教学过程中必然要发生各种各样的情况,有时还不免会出现与教学不相协调的各种因素。课堂不管出现什么偶发事件,教师都应处之泰然,从容应对,运用自己的教学经验,让挑战变为机遇,让意外引发更多的精彩。

(四)优化学生课堂活动

语文是一门实践性很强的学科,阅读教学要注意优化学生的课堂实践活动。在教学策略上主要用学生个体的言语实践来取代教师的讲,用学生自己的体验、感悟和表达来取代教师的见解;在教学操作上,主要是引导学生在琅琅书声中涵泳品味、感悟融通、积淀言语、形成语感。有意义的课堂活动应该是学生自主活动的展开,而教师的作用只有推动学生自主活动才能真正变成教学的一种动力。因此,教师在阅读教学中一要注意设计有意义的课堂实践活动,二要注意留足学生活动的时间和空间,让学生自己去读、去理解、去思考。三要鼓励学生自由表达。常用的学生自主活动方式有:自读、自悟、质疑、讨论、想象、讲演、写练、评价(包括自评和互评)、转换角色(让学生当小导游、小医生、小老师、体验文本角色)等。阅读课教学任务的完成,教学效果的实现,最终都要以学生的变化加以体现。教师在学生的自主活动中,应少一些包办代替,多一些方法指导,力求促进学生主动参与,主动获得发展。

第三节 读写结合的教学策略

一、读写结合的概念

读写结合,就是以唯物辩证法为指导,根据《标准》与语文教材的编写特点,将阅读与写作统整在一起,以便同时提高学生的听、说、读、写能力的教学方法。叶圣陶先生曾说:"阅读是'吸收'的事情,从阅读中,我们可以领悟作者的经验,接触作者的心情;写作是'发表'的事情,从写作中,可以显示出自己的经验,吐露自己的心情。"顾振彪先生认为,写作与阅读是相互作用的,如依托课文的写作,可以加强学生对文本的解读,而阅读也可以为写作积累素材,使学生有话可说。刘永斋先生则从仿写型、评论型和感触型训练出发,制定了读写结合的三种教学类型。

阅读与写作是互相独立又相互依存,共同服务语文课堂的。阅读活动展开的辨析词语、传授基础知识和分析段落结构等,都关系着学生在写作中将要展开的遣词造句、谋篇布局和立意选材等活动。吕叔湘先生曾说:"阅读的本领学会了,自己写文章也不难了。如果只会糊里糊涂地读,必然也只会糊里糊涂地写。"所以"以阅读促写作,以写作深化阅读",也就成为读写结合教学的基本特征。因此,语文教师需要以读写结合,来促进语文阅读教学走向高效与优质。

二、实施读写结合教学的必要性

首先,读写结合的根源都是生活。阅读是通过读文章来认识生活,而写作是通过写文章来表达生活。因此,阅读和写作的根源,都是为了让学生更好地认识生活,提升学生的人生价值,所以读写结合有着共同的根源与教学目的。

其次,阅读与写作都属于人类情感交流的范畴,是学生内部思维活动的外化表现。阅读与写作,是通过输入与输出两种方式来展现学生思维的,而思维是语言的内在实质。阅读与写作活动,只是通过借助眼睛、耳朵、嘴巴和手等器官,在外在世界与学生的内部思维之间建立某种联系与沟通。因此,有人认为,读就是用眼睛来听,写就是用笔来说。反过来,听就是读,用耳朵来读;说就是写,用嘴巴来写。不管怎样,阅读与写作都是学生展开的情感思想交流活动,所以需要学生的积极参与。

再次,阅读与写作都需要学生的情意因素与智力因素的共同参与。人类的情意活动与智力活动,都是通过语言载体来展示的,所以学生能够通过阅读来理解他人利用文字表露的情意因素与智力活动。同时,他们还可在写作中来表达自己的情意认知与智力思维。

最后,阅读与写作的物质载体,都是言语作品和言语活动。言语是人类精神的外化展现,言语活动也被称为人类的生命意识活动,这种活动是流动的和不可中断的。同时,这种流动的生命意识都是相同的,所以从本质上来说,阅读与写作也是相通的。

三、实施读写结合阅读教学的策略

(一)加强读写的良性互动

长期以来,许多教师都将阅读与写作看成是完全割裂的两个个体,要么只是去培养学生的写作能力,要么只是对学生的阅读能力进行训练与提高。这种做法,使得学生接受的语文教育是片面的和碎片化的。读写教学认为,语文教师必须重新审视阅读与写作之间的关系,找到阅读与写作的结合点,在教学中加强阅读与写作之间的互动。

在阅读教学中,教师可以引导学生写一篇内容梗概或读后感,或者是让学生依据某篇课文的结构来仿写一篇文章。这种做法,不仅可以有效地丰富学生的写作经历,还可以让学生对文本的认识变得更加深刻和具体,因此,加强阅读与写作的互动,是展开读写结合教学的第一步。

(二)找到读写结合的有效训练方式

要想做到读写结合一体化教学,教师需要从读写结合教学法的内容和形式两个方面去考虑。从内容方面来看,要想提高学生的认知水平,就必须引领学生深入地学习和研读课文,深入地把握课文的主体思想内容。从形式方面来看,要带领学生学会借鉴文本中优秀的写作技巧和方法,并将其灵活地应用到自己的写作活动中。因此,读写结合中的阅读,不仅要求学生照本宣科地按照传统模式去阅读,而且要求学生认真品味作品的内容和把握写作技巧。从这个层面来看,读写结合要求学生能够同时把握住内容和形式,让阅读和写作形成一个有机的统一体。

常见的读写结合的训练方式,有以课文为原型进行仿写训练、以课文为材料进行多种写作训练、先写后读、写读后感和写评论等多种方式。以课文为原型进行仿写训练,可以先从局部的和片段的简单模仿开始进行训练。在局部模仿的基础上,逐步过渡到模仿全篇的构思立意、谋篇布局和表现手法。以课文为材料进行多种写作训练,课文是例子,主要是指缩写、复述、扩写、改写和缩写等读写结合活动。

(三)写作应达到化解阅读内容的目的

化解阅读内容,是读写结合的较高境界。在进行文章写作的过程中,不要照搬阅读文本的观点与思路,而要加入自己的思考。写作题材,一般都是学生亲身的感受和对周围生活的观察,学生应该遵从自己的内心世界,写出一篇能够反映自己内心世界的好文章,而不是简单地背诵所谓的范文或满分作文。

第四节 文学鉴赏的教学策略

一直以来,文学鉴赏教育都是语文教学的重要任务,也是语文学科人文性和文学性的特征。文学鉴赏教学的核心是,要让学生具备文学鉴赏能力。张志公先生强调,教师应该指导学生阅读丰富的和优秀的文学作品,获得必要的文学知识,培养和提高文学修养。同时,寓思想教育于其中,培养远大的理想抱负、高尚的趣味情操,并寓智力开发的目标于其中,培养活跃的逻辑思维能力、联想和想象思维能力,以及创造思维的能力。

一、语文的鉴赏性阅读教学的概念

鉴赏,就是指鉴别和欣赏。鉴别,就是指判断和评价,欣赏,就是指感受与体验。鉴赏能够让读者获得一种心理快感,获得审美的需求。而鉴赏性阅读,就是指读者可以在特定心理机制的基础上,经过大脑的第二信号系统,将文字符号转化为意象,能动地分析作品蕴含的情感与内涵,从而让读者得到心灵的熏陶与精神的提升的活动。

鉴赏性阅读,是指以鉴赏作品的艺术形式为主要目的的阅读活动,需要学生充分地了解文本所要表达的思想内容,并在此基础上鉴赏文学作品的表现技巧与语言风格等问题,从而不断地提高学生的文学鉴赏能力,使其获得审美修养。

鉴赏性阅读教学,是让鉴赏主体(学生)通过积极、能动的阅读活动而展开的一次再创造活动,需要教师在阅读教学中将作者提供的势能转化为动能,补充作品的"空白"与"不确定",从而引导学生在阅读中融入自己的情感、想象与理解。

文学作品最为深厚的价值,是来源于人类情感的。学生鉴赏性的阅读互动,也需要学生由表及里、由此及彼、逐层深入地分析文学作品包含的深刻思想,以便让阅读活动获得最终的成功。

二、语文的鉴赏性阅读教学存在的问题

首先,存在固守教材的单一化倾向。除了教材单一之外,也有很大一部分教师依然是以分析词语及句子含义、文本主旨、作者情感作为阅读教学的基本方式。这种教学方法虽然能够让学生掌握一定的阅读技巧,但是并不利于让学生从内心感受阅读文本的文学美。

其次,与阅读文学作品混淆。文学作品的鉴赏性阅读,需要以阅读文学作品为基础,但是并非所有阅读文学作品的活动都能被认为是文学作品的鉴赏性阅读。因为文学作品的鉴赏性阅读活动需要学生感受文本的文学力量,需要学生在阅读中进行一定的分析,进而获得深刻的思想认识,使其对文学作品有着一定的鉴赏能力。

最后,评价方式比较僵化。长期以来,教师只会引导学生根据考试的要求进行文学解读,而且多数教师只重结果,不问过程。在教学中,教师也只是从考试要求来评价学生的阅读结果,过于看重阅读评价的甄别与选拔作用,这就使得语文鉴赏性阅读被桎梏在如何提高学生考试分数与升学率的教学范围之中。单一的考试评价,依然是文学鉴赏性阅读教学的基本评价方式。

三、语文的鉴赏性阅读的教学程序

语文教学过程,是语文教学活动的核心。语文的鉴赏性阅读,需要在较为规范的教学程序中进行。当然,这并不是说教师要把控学生的阅读行为与阅读活动,而是应指导学生在鉴赏性阅读中进行相应的思考,了解

在鉴赏文学作品时需要思考的问题,以及在鉴赏文学作品时需要把握的方向。

(一)整体感知,把握内容

学生对文学作品的解读与鉴赏,都带有特有的思维方式。叶圣陶先生曾说,所谓欣赏,就在于是否透彻了解整篇文章,没有一点儿含糊,没有一点儿误会。只有让学生从整体上把握文学作品的内容,才能够把握语文的鉴赏性阅读教学的大方向。鉴赏性阅读活动,并不单纯是指国内的文学作品鉴赏,它也包括国外一些优秀的和经典的文学作品。然而,由于中西方文化的不同,使得各个国家和地区的作者在创作文学作品时表现出来的文化特征与创作思路,都存在着明显的差异。

鉴赏,需要多读作品。读作品的过程,就是读者从作品中接受语言的信息,以及读者将"外部语言"转化为"内部语言"的过程。一个成功的作家及其作品,具有作者独特的个性和普通的人情,这就在学生与文学作品之间构建了一个桥梁。若学生可以细心揣摩,仔细品味文学作品中的独特个性意味,那么他们就距离理解文学作品不远了。此外,学生还应投入全部的情感,以自己的真实情感来解读作品中的悲欢离合和喜怒哀乐。这时,学生就会与作者产生情感的共鸣,进而促使学生真正地理解鉴赏阅读的魅力。

当然,学生阅读素养的差异,会让学生产生"审美注意"的差异。有些学生不管身处何种环境,都能很快地进入"审美注意",而有些学生则需要较长的时间或处于十分安静的环境才能进入"审美注意"。对此,教师应该要理解并允许学生以自己的认知特点来参与鉴赏性阅读活动。

(二)品味语言,再造想象

萨丕尔曾在《语言论》一书中说:"语言是人类特有的非本能的交际方法,是表达思想、感情和愿望等意志的符号系统。"语言是人类最古老的遗产,学习语言是人的一种先天潜能,每个人都是通过语言来接触这个世界的。同时,语言也带有情意化特征,语词的选择和语序的排列都带有作者的情感与意志,反映着作者的内心世界。因此,以语言来引导学生进行鉴赏阅读,是提高学生阅读鉴赏能力的基本要求。可以说,只有在语言品味中,学生才能够获得较好的文学体会,他们的想象力也才可以通过丰富、生动的语言得以再造与开发。

想象,是人脑对已有表象进行加工改造组合成新形象的过程,是认知活动的基本心理因素。文学鉴赏阅读,必须经历想象和创造的过程。只有借助想象,学生才能领略到文学作品的美。因为大多数文学作品都含有隐藏的内涵,许多作者会在创作过程中留下一些"空白点"。学生只有通过审美想象,才能较好地补充文章的"空白处",进入某种特定的审美意蕴,从而在作品之中获得审美的感受和超越作品之外的审美享受。

叶圣陶先生曾提出:"读诗不仅要眼睛看文字,更要在想象中睁开眼睛,看由文字触发而构成的图画。"学生在文学鉴赏时的审美感受,是和想象力紧密相连的。他们必须借助想象,才能将文学作品再现于自己的脑海之中,真切地感受作品中的艺术氛围,与人物同喜同悲,甚至创造性地再造自己从未亲身体验过的形象或情境,从而得到一种全新的审美体验。

在文学鉴赏活动中,往往会形成对各种单一表象进行综合的再造想象活动,使想象更加自由,使作品的审美意蕴得到更深刻地挖掘和显现。文学鉴赏活动中的再造想象,可以有效地扩展学生的文学鉴赏视野,使学生不仅具有显现画面意象的能力,而且可以逐步形成创造能力。在欣赏艺术形象时,学生需要结合自己对生活的回顾与记忆来进行想象。学生自己的生活经验,其实是对艺术形象的补充,因为任何一种艺术形象都是以生活为基础的。

(三)揣摩意蕴,审美判断

叶圣陶先生曾说:"在阅读时,如果拘于有迹象的文字而抛开言外之意,最多只能鉴赏一半,有时甚至连一半也鉴赏不到。因为那没有说出来的一部分,是极为重要的。"文本的深层意蕴,往往超越了具体内容而带有更为普遍的全人类的性质,包括情境意义、象征意义及某些原型等,而这在教学中常常被忽略。

意蕴的一个重要内涵,是词语的情境意义。情境之"境",并非一般意义上的"上下文"的简单链条式结构,而是一个充满形象,包含情感的立体式多维空间的存在。要品味语句的情境意义,学生就必须从多个角度来发散思维。只有在特定的情境中来理解词语的特定含义，才能理解文本的意蕴，品味文本的情感。此外，文本意蕴还与象征意义密切相关。象征意义，是文学作品意象蕴含的深层意味。它突破了具体的字面意义，带有普遍性和永久性的内涵，如人们认为橄榄叶象征平安、鸽子象征和平，以及柳枝象征离愁别绪等。作者在诗文作品中，赋予了物象的内涵会受到民族习俗、当地社会风土人情及作者个人的影响。

原型有着人类精神和人类命运的一块碎片，有着在我们祖先的历史中无数次重复的悲欢的残余，而且总体上始终循环着同样的路径发展，它犹如心理上的一道深掘的河床，生命之流在其中突然奔涌成一条大江。例如，苏轼所作的《念奴娇·赤壁怀古》，并非在描写历史人物，而是在借助历史来抒发自己被贬后的失意情绪，哀叹的是自己雄心的破灭，而"人生如梦，一樽还酹江月"，则表现出了诗人的释怀与超脱，表达诗人苏轼认清了生命的本质。任何文本都位于若干文本的交汇点，它是这些文本的阐释、集中、浓缩、转移和深化。在《赤壁赋》的阅读教学中，教师可以注重引导学生来扩散思维，使其回忆与"月"有关的诗文，让学生进行比较阅读。

在鉴赏古典文学作品时，学生应该学会通过扩充文学作品的背景资料，以及其他有代表性的名人对这部文学作品的解说，来作为鉴赏支持，以便更好地理解文学作品的内涵。

(四)力求交融，产生共鸣

在鉴赏性阅读过程中，学生面对的是鲜活的艺术形象，他们的思想感情应随着形象与情节的展开而波动起伏。同时，学生还需要借助自己的思想情感与生活经验，来解释作品中的人物形象，不断地丰富和充实作品中形象的内涵。

只有在当作品的形象表达出来的思想感情能够强烈地打动读者，引起读者思想感情回旋激荡的涟漪时，才能让学生对这种思维活动产生阅读共鸣。汤显祖在《焚香记总评》中曾说："填词皆尚真色，所以人人最深，遂今后世之听者泪，读者欷，无情者心动，有情者肠裂。"共鸣，是文学鉴赏中一种复杂而常见的现象。当在阅读文学作品时，如果作家通过作品的形象表达出来的思想感情能够被读者感知,读者便会为作品中正面人物的胜利而欢乐,为反面人物的溃灭而称快,或者为正面人物的失败而悲痛,为反面人物的得势而愤慨。这种现象,其实就是文学鉴赏中的共鸣现象。

实际上,即便是语文鉴赏性阅读教学,也依然离不开生活化阅读教学、自主阅读教学和合作阅读教学这三项基本的阅读方法。因此,在具体的教学实践中,教师应该灵活地选择阅读教学的形式,结合鉴赏性阅读程序来组织文学分析。

第五章　小学语文高效阅读课堂的构建

第一节　小学语文阅读体验式教学策略

一、体验式阅读教学的特点

体验式阅读教学是在新课程改革理念和新课程标准指引下，应现今小学语文阅读教学需求的召唤而产生的，关注学生生命特征，引导学生通过"言语审美"体验文本，在获得感受基础上进行多元对话，拓展思考视野和深化体验，获得认知和思维、情感世界的发展，完善学生的生命意义。与一般意义上的阅读教学相比，它有其自身的特点。

（一）生命取向

体验式阅读教学贯彻新课程改革的理念，以人的发展为本位，课堂关注的不仅仅是知识，还是一个个活生生的、有思想的生命个体。此种教学以关注学生的生命特征为基础，以完善和发展学生的生命意义和价值为目标，创造条件促进学生生命的成长和精神领域的丰富。体验式阅读教学正是在知识的引导下，在了解学生已具有的百科知识和学习需求的基础上，激活学生的生命意识，追求生命的意义和价值，通过对各种充满生命关怀和情感的文章敞开心扉，去触摸文本，与文本进行心灵的对话，从而获得以个体的需要和情感等为基础的生命意义和价值。

此种特点正是对有些阅读教学过于注重对文本的范式分析，在权威和标准下解读和理解文本，甚至是传授一些解读与分析文本的技术性知识地拨正，拨正一些机械式的文本分析，拨正因机械而造成的学生对语文学科意义的不理解甚至是兴趣流失的现象。学生，甚至是教师在阅读文本时,产生的感受是不同的,所以其体现的体验和意义也是不同的。而体验式阅读教学大力彰显生命气息,注重阅读情境的创设,关注学生生命体验和师生情感关怀,让课堂焕发出生命活力,让学生在自由、真诚中获得新知的成熟和智力的发展。

(二)审美取向

正如接受美学区分了"文学文本"与"文学作品"两个不同概念,阅读教学至少有两个方向的价值:审美价值和使用价值。而作为阅读教学客体的文学作品,以言语的形式所描述的对象不可能完全是真实、活生生存在的,它往往是一种艺术性的表达,一种情感的倾诉,或是理想型的人物构造等。所以,在阅读时不能完全理性的分析,还需要融入审美世界。

审美取向的阅读教学是对感性的激扬,是生命潜意识的激活,是进入文学作品深层次境界和诗意生活的必经之路。当然,这并不意味着审美与理性的矛盾,只是理性的暂时后退。教学的深入开展还是需要在感性审美的基础上进行深思和沉淀。体验式阅读教学的言语审美正是对一般阅读教学存在的过度强调理性解读作品的批判,其目标是在理性的国度中与诗意相融,践行的是语文学科工具性和人文性价值的协调统一。

(三)文化取向

文化的概念比较宽泛,在不同的领域有不同的认识和理解。在教育领域主要指某种符号所代表的经过历史沉淀和验证的思想、情感、习惯传统等,也可以是这些内容的价值、意义。教育教学的对象是人,活生生存在于社会背景下的人,教学要做的不仅是传播、保存这些文化,更为重要的是让学生形成正确地看待自然、人生和社会的价值观,把自己的精神和意识融入社会文化背景下,更好地生活。

其实,语文课程便是经过历史选择和沉淀的文化的凝结体,是几千年中华民族对自然、社会和人生的思考和精华保存,它包括了百家诸子的与世情怀、处世立身准则,在历史的批判与选择中形成中华民族的人格的完美、济世的生命情怀和情感世界。体验式阅读教学正好关注学生对阅读作品所涵盖的文化内涵的理解和体验,逐步内化和不断地反思,并最终形成自己的人生观和价值观,丰富精神世界和健全人格。

二、体验式阅读教学的目标

体验式阅读教学的目标是培养出以"阅读、体悟、写作、行为"四种能力为核心的生命完整发展的人。在体验式阅读教学中,阅读本身就是一种体验过程,体验自己的体验,也体验作者的体验,在体验中实现读者与文本和文本作者的心意相通,形成深刻的认知、情感和行为等方面的认识,成为同时具有"阅读、体悟、写作和行为"能力的真正意义的生命完整发展的人。体悟,即是在体验式阅读教学中,学生通过阅读,结合自己经验背景达到的深层的体验,以及感悟一定的情感和道理。写作,体验式阅读教学中的写作,不是纯文笔写作,而是以一定的情感体验积累为基础的所感所悟,是体悟的强化。在体验式阅读教学中,行为可以是教学过程中的行为,也可以是课堂结束后的行为。但这种行为不是随意的,而是一定教学体验情境中的辅助体验的手段,或是课后体验意义的拓展。

语文阅读教学不仅担负着传承知识和文化的重任,还肩负着训练学生思维和情感,养成良好行为习惯和健全人格的责任。而一般意义上的阅读教学多倾向于对学习者进行工具性知识的学习和写作的训练,相对忽视了阅读教学对学习者思维、情感、人格等精神领域的影响作用,导致一些阅读教学出现机械化的文本分析和写作训练,不利于学生思想情感和人格的健康发展。而体验式阅读教学则秉承着以人的完善发展为本位的教学观,以培养学生阅读、体悟、写作和行为能力的和谐统一为核心,实现语文学科的工具性和人文性的统一。

三、体验式阅读教学的实施

(一)体验式阅读教学的实施原则

1. 实施原则

体验式阅读教学重视学生的亲身参与,利用体验情境调动已有的经验背景知识,获得认知的发展、思想的陶冶和情感的丰富与升华。在具体的教学实践中,体验式阅读教学表现为学生主体性、实践性和体验情境开放性的实施原则。

主体性主要指的是学生个体是阅读体验的主人,处于主动学习、发展的地位。实践性、体验式阅读教学面向社会和生活等开放,学生体验的获得和深化,离不开从各方面获得的经验背景。开放性主要指体验式阅读教学是开放的,教师提供的学习情境是开放的,给予学生充分的思维和讨论空间,允许学生把问题带到课堂之外等。

2. 原因分析

体验式阅读教学主要以学生读书内化和实践外化的方式实现其核心目标。读书内化,指的是学生通过接触文本,把自己的认知、思想、情感等带入文本的体验之中,从而把文本语言文字转化为脑海中真实的画面和独特的感受,并通过联系以往经验背景知识,把新获得的体验内化为学生自己更深层次的认知知识和精神意义。所以,在具体的体验式阅读教学过程中,要遵循学生主体性的原则。

而学生之所以能够深层次地感受体验文本,获得深刻的体验,与学生原有的通过实践活动获得的知识经验密不可分。没有了原有背景知识,新的体验对象变成了空中楼阁,学生可望却无法触摸,更不用说获得深刻的体验了。同时,学生在深化文本体验的过程中离不开教师提供的一些开放性资料和体验情境。并且,学生新获得的体验不是用来束之高阁的,而是用来实践和应用的,否则,体验的价值何在?所以,在具体的体验式阅读教学中,要遵循实践性和开放性的原则。

3. 具体体现

体验式阅读教学以培养阅读、感悟、写作和行为能力和谐统一发展的人才,实现学生以生命价值为目标。在体验式阅读教学中,学生生命价值的实现,要关注学生的生命特征和提供培养读、悟、写和行四种能力的开放学习情境。所以,也是遵循学生的主体性、教学的实践性和开放性的过程。在体验式阅读教学中,为实现学生的生命价值,在具体教学实践中要以学生为主体,以学生广泛的自主性阅读体验实践为主线,教师根据学生不同年龄阶段的阅读经验和心理需求提供资料等,营造开放的课堂,为学生提供足够的思维和体验实践空间,鼓励学生在原有百科知识和经验的基础上体悟感知,获得体验。在这个教学过程中,教师为引导和深化学生对文本的体验程度,会组织学生进行一些活动,如师生与文本、作者之间的多元对话交流等,使学生通过亲身经历,获得更深层次的知识、能力、经验、情感和方法等,获得知、情、意、行方面的发展和健全的人格。

(二)体验式阅读教学的实施程序

体验式阅读教学的实践有比较全面的理论依据,可以进行比较顺利的应用研究。而且,此种教学因其"体验"的独特性和学生获得"独特体验"的追求,重视教学过程中学生自主、主动地感受文本,与教师、教材编写者和文本进行多元对话,以此来加深体验,建构意义世界。所以,依据其理论特点等,体验式阅读教学有一套自己比较常用的实施程式。

调动和补充学生百科知识和经验,感受文本。学生因其年龄特点和思维、智力等发展的阶段特点,生活经验和百科知识还不太丰富,系统性不强,难以针对体验文进行比较全面和深层次的感受。所以,需要教学的组织者适时地提供一些"背景知识",恰当地建立经验与目标材料的联系,引导和深化学生的感受和体验。这些"背景知识"能建构学生知识、经验、能力和情感的"最近发展区"的百科知识。

学生是有思想和认识的鲜活的生命个体,在进入文本时有自己独特的思维方式和经验,而提取什么样的知识和思维方式,这就深受教师提前的准备和引导的影响。而文学作品一般比较"感性",是作者自身的生命体验,若是采用比较理性的文本分析模式,则容易偏离文本的教育意义和作者的写作意图与思想。所以,需要学生感受进入,通过言语审美,感悟文本思想和价值。这就需要教师在体验式阅读教学中,适时地构建学生知识、经验、能力和情感方面的"最近发展区",利用一些先导性资料,辅助体验和加深体验。

第二节 阅读技能和阅读能力培养策略

一、阅读技能训练的教学策略

阅读技能培养是语文专业学习的重要特征。良好的阅读技能有利于感悟体验,深入地理解文本,有助于学生阅读能力的发展。在阅读教学中加强阅读技能训练的教学策略主要有以下几种:

(一)激发兴趣,喜欢阅读

阅读兴趣是对阅读活动的一种积极态度和喜爱程度。阅读兴趣是阅读技能形成的基础,也是小学生阅读能力持续发展的不竭动力。《语文课程标准》指出:喜欢阅读,感受阅读的乐趣。阅读教学的过程应该是激趣乐学的过程。让学生感受到阅读的快乐,比从中获得知识更为重要。

首先,教学内容应能引起学生阅读的兴趣,让学生能够自觉投入其中受到感染与熏陶。对于个别学生不爱读的课文,教师要注意从中发掘有情趣的教学内容,让学生去品味、欣赏。要改变原来词、句、段、篇的分析思路,注重对文本的整体把握,避免将课文分解为单调乏味的知识点。

其次,在教学过程中,应尊重学生主体,允许学生按自己喜欢的方式阅读。建构主义认为,知识是主体的积极构建。离开主体构建的书本知识只能是静止的、凝固的、抽象的符号。因此,阅读应是学生积极主动的阅读。每位学生获得的阅读感受与乐趣可能不同,不同的乐趣相互碰撞,就可能激发和产生更多的乐趣。

再次,教师要针对教材实际和学生的年龄特征,采取灵活多样的教学方法,采用各种现代教育技术手段,创设趣味盎然的教学情境,激发学生的阅读兴趣。

(二)培养习惯,自觉阅读

孔子认为"习惯成自然",宋代理学家程颐认为"习与性成,圣贤同归"。养成良好的阅读习惯,可以使学生排除阅读干扰,主动愉快地去阅读,能动地提高自己的阅读技能。一些不良阅读习惯如指读、唱读、逐词阅读和频繁查生词,会直接或间接地影响学生的阅读效果。教师应与家长配合、督促小学生制订较科学合理的作息时间和读书计划,帮助小学生养成良好的阅读习惯,形成有效的阅读技能。比如通过强化阅读的注意力,学会跳读,提高阅读速度;通过抓关键句理清文本思路,强化整体把握文本意识;通过咀嚼、品味重点词句的含义,提高理解能力;通过品读赏析和比较,提高评价、鉴赏能力;通过联想、想象,提高创造性阅读的水平等。此外,小学阶段还应着重培养如下良好的阅读习惯。

第一,读书看报的习惯。教育学生喜爱图书、爱护图书,收藏并与同学交流图书资料,坚持读书看报。放学后先做作业再阅读,每天安排一定的阅读时间。

第二,读思结合的习惯。在阅读过程中,要教会学生一边读一边想,在读中发现问题,养成通过深入思考、认真分析,自己解决问题的习惯。

第三,阅读时动笔的习惯。要训练学生养成做各种类型的读书笔记的习惯,如圈点批划、摘抄要点、制作卡片、写读书笔记等。尤其要动员小学生积累课文中的优美的词语、精彩的句段,以及在课外阅读和生活中获得的语言材料,学习在阅读中积累词语、丰富自己的语汇。

第四,使用工具书的习惯。要教会小学生在预习、自读、自学过程中,合理运用工具书解决疑难问题。

第五,阅读卫生的习惯。应注意学生阅读时的心理卫生和用眼卫生,教育学生正确处理好阅读与环境、阅读与身心健康的关系,讲究阅读卫生。

(三)教给方法,学会阅读

科学的阅读方法可以控制和调节学习主体的注意和信息加工过程,增强阅读效果。阅读教学应注意指导学生科学的阅读方法,以此训练学生的阅读技能。

1. 朗读

《语文课程标准》对朗读的要求是:能用普通话正确、流利、有感情地朗读课文。正确,是指语音和语调的规范化。流利是指阅读时做到语音连贯,不漏字、不落字、不改字、不颠倒、不重复等。有感情,是指阅读时做到感情充沛,节奏鲜明,恰当地传达作者的思想感情。朗读技巧的训练应突出停顿、重音、语调、节奏四个方面。教师在教学实践中常常运用多种朗读形式,如范读、个读、齐读、自由读、分角色读等,对学生进行朗读技巧指导。

2. 默读

小学阶段默读的基本要求是:不出声、不指读,有一定的速度。默读时,要眼脑并用,读思结合,提倡在默读过程中圈圈点点,写写画画,帮助记忆,帮助思考,以提高默读的效果。

3. 诵读

要练好诵读,首先要加强朗读训练;其次要掌握一些诵读的方法,如熟读成诵法、联想扩充法、想象入境法等;教师可以运用多种形式训练学生诵读(如竞赛式、游戏式、表演式、合作式等)。

4. 精读

精读的基本要求是:探究词句,体会立意构思,揣摩表达顺序,领悟表达方法,体会作者的思想感情。精读应认真细读,揣摩研究,对重点部分要细致推敲,品词析句甚至咬文嚼字,结合联想和想象,体验文本所蕴含的情、理、趣,进而形成自己对文本的判断和评价。训练学生精读时要注意指导学法,提示阅读重点,重视学生的情感体验和创造性理解,对学生确实难以理解的难点内容应适当点拨。

5. 略读与浏览

略读与浏览不同于精读的深入钻研,而只求通览全篇,概览大意,汲取其精华,获得其旨趣。因此略读和浏览训练,应把重点放在阅读方法和由此获得的信息量上。略读训练的重点是能否把握阅读材料的大意,浏览训练的重点是能否从阅读材料中捕捉重要信息。

二、阅读能力培养的教学策略

阅读能力培养是阅读教学的主要目标,也是阅读教学活动的核心。

词句篇章教学、阅读技能的训练都是为了更好地提高学生的阅读能力。阅读教学重点是培养学生具有感受、理解、欣赏和评价的能力。

（一）感知积累，培养语感

语感的强弱是一个人语文素养高低的重要杠杆。培养语感，既强调学生人文精神的介入，又注重学生的语言实践，体现了语文工具性与人文性的统一。

语感的培养需要长期的积累，需要大量的阅读。教师可以从三个方面对学生进行训练，实现语感的积累。一是扩大学生的阅读面，"养成读书看报的习惯，收藏并与同学交流图书资料""扩大阅读范围，拓宽自己的视野""广泛阅读各种类型的读物"。二是采用多种"读"的形式训练学生的语感。在朗读、默读、精读、浏览等阅读方法的指导中渗透语感训练。在读中咬文嚼字、体味文章的语言是语感训练的关键环节。因此，要注意让学生在读中推敲、揣摩、细细品味文本语言，增强对语言文字的了解与感悟。三是规定学生的课外阅读量，《语文课程标准》对学生的每个学段的阅读量都有切合实际的规定，六年累计不少于145万字，要求背诵优秀诗文160篇（段），同时要求"在阅读中积累词语""积累自己喜欢的成语和格言警句""积累课文中的优美词语、精彩句段，以及在课外阅读和生活中获得的语言材料"，这些都为培养语感提供了基本策略。

（二）唤情入文，体验情感

《语文课程标准》在"基本理念"中指出"应该重视语文的熏陶感染作用"，在总目标中指出"注重情感体验"然后在各阶段目标中再对此加以具体化，多次提出"有感情地朗读课文""诵读儿歌、童谣和浅近的古诗，展开想象，获得初步的情感体验，感受语言的优美""体会文章表达的思想感情""关心作品中人物的命运和喜怒哀乐""注意在诵读过程中体验情感，领悟内容""说出自己的喜欢、憎恶、崇敬、向往、同情等感受"……

学生是阅读的主体，在阅读教学中唤情入文，指导学生体验情感要注意以下几个方面内容：

第一，阅读前指导。阅读前应注意唤起学生情感投入的意识。教师可以通过精心设置导语、介绍时代背景、电教媒体声像等渲染情感,引起学生的情感准备。

第二,阅读中指导。阅读中应注意指导学生进入融情共鸣的状态。阅读的时候,把心放到文本中去,设身处地去读,去想,去感受,这是体会情感的基本策略。

其具体方法有:①有感情地朗读课文,通过富有感情的美读来品味意境,体验情感。②依据文章的主要内容,体验情感。③抓住重点词句段(尤其是带有感情色彩的词句段),体验情感。④读文章想画面,通过想象、联想体验情感。⑤读文章联系生活实际,体验情感。⑥揣摩文章的表达顺序,体验情感。⑦与他人交流阅读感受,体会思想感情。⑧借助课件等现代教学设备,体验情感。

第三,阅读后指导。比如阅读后的反思、交流、延伸、拓展,读后感和读书笔记的撰写等。

(三)读思结合,加深理解

阅读是一种凭借思维来理解书面信息符号的心理过程。阅读时,只有通过一系列的思维活动,才能掌握信息符号所代表的意思。而离开对信息符号的思维,阅读的感知过程就会受阻,就会影响对信息符号进行有效的分析综合。

阅读教学中训练学生读思结合的方法主要有:一是要训练学生养成边读边思的习惯。要"让琅琅书声走进课堂",确保每一节课让学生把书读熟读好,让学生在读书中边读边思考,边体会边理解。学生口诵心悟,对课文的理解、体会不断地加深,阅读能力也得以提高。二是要鼓励个性化阅读。阅读课关注的焦点是"你是怎么理解的""说说你的理由""联系你的生活体验""谈谈你的看法"等。在这种"话语"情境中,学生可以对问题做出不同的言说和不同的解读。学生的生活体验、独特感受在教学过程中受到充分的尊重,确保了学生充分、自主的个性化阅读实践的展开,从而让学生在主动积极的思维和情感活动中,加深理解和体验,有所感悟和思考。

(四)引发审美,激发创造

语文教育归根到底是人文素质教育,离不开审美体验。语文阅读"接受的不仅是符号系统,而且是价值系统、意义系统……是一种人类精神文化的涵养与创造素质的培育"阅读教学通过吟诵朗读、体验感悟、欣赏意境、意象分析等方式,涵养学生的身心,培养学生的感受、审美和创造力,从而促进学生的健康成长。

提高学生的审美能力主要有以下几种方法:

第一,美读。"美读"是提高小学生文学审美感受力的传统方法。其要义在于通过吟诵朗读,感受作品的韵律节奏,意境意蕴,由文入情,由文本世界进入作者的精神世界,达到与作者神气相通、心灵感应的审美境界。

第二,想象。在阅读教学中,学生对文本有了感知、吸收、积累的基础之后,还应引导学生进一步理解、品味、感悟,并通过合理想象,再造审美形象,从而强化学生的审美感受。

第三,鉴赏。教学中,教师不仅要指导学生悟读,而且要指导学生赏读。小学生已经具有一定的鉴赏能力,好的优秀的文学作品,教师可以指导学生进行文学鉴赏,比如能从欣赏的角度阅读文本,并能初步品评优美的词、句、段、篇;对阅读材料进行体验玩味,从审美的角度体会其精妙魅力等。

第四,创造。在学生朗读、诵读、赏读的基础上,教师可以指导学生创造性地读,带上个人的独特感受和独到见解读。阅读中的感受、理解、欣赏、评价、探究、创造都离不开学生的阅读个性。把阅读看作是与文本的对话,本身就蕴含了创造的意义。这种对话过程充满了发现、质疑、思考和探究。只有在阅读中发挥学生的创造性,才能真正有效地提高学生的阅读能力。

第三节 小学语文阅读教学的评价策略

小学语文阅读教学是九年制义务教育语文教学的组成部分,而且在语文教学中所占课时最多,在各类语文教学活动中处于首要地位,被称为"智慧之源"。小学语文阅读教学评价是语文课程评价的重要内容,也是阅读教学的重要环节。

一、小学语文阅读教学评价要点

(1)阅读评价要综合考查学生在阅读中的感受、体验、理解和价值取向。考查其阅读的兴趣、方法与习惯以及阅读材料的筛选和阅读量。重视对学生多角度、有创意的评价。语法、修辞知识不作为考试内容。

(2)朗读、默读的评价。朗读是阅读教学评价的重点。评价学生的朗读,可从语音语调和感情等方面进行综合考查,还应注意考查区分不同文体,并考查其对内容的理解。注意加强对学生平日诵读的评价,鼓励学生多诵读,在诵读实践中增加积累,发展语感,加深体验与领悟。评价默读,应根据各学段目标,从学生默读的方法、速度、效果和习惯等方面进行综合考查。

(3)精读的评价。精读的评价应重点评价学生对读物的综合理解能力,要重视评价学生的情感体验和创造性理解,根据各学段的目标,具体考查学生在词句理解、文意把握、要点概括、内容探究、作品感受等方面的表现。

(4)略读、浏览的评价。评价略读,重在考查能否把握阅读材料的大意;评价浏览能力,重在考查能否从阅读材料中捕捉重要信息。

(5)阅读理解能力的评价。理解是阅读过程的中心环节,它要求综合读物所有的字词、句段、篇章,获得对读物的一种整体性的理解,并获得自己独特的主观感受。文学作品阅读的评价,着重考查学生对形象的感受和情感的体验,对学生独特的感受和体验应加以鼓励。古诗文阅读的评价,重点不在于考查学生对词法、句法等文言知识的掌握程度,而在于考查学生记诵积累的过程,考查他们能否凭借注释和工具书理解诗文大意,并通过他们记诵积累的情况考查其在发展语感方面的努力程度。

(6)背诵的评价。背诵一定量的名篇佳作,是积累语言材料的必要途径,也是培养语感的一种重要方法。对学生背诵的评价,重在理解的基础上的记诵积累,反对生吞活剥的死记硬背。要保护和扶植学生背诵名篇佳作的积极性,反对把背诵当成是惩罚学生的手段。

二、小学语文阅读教学评价策略

(一)以准确、得体的评价诱发学生的学习动机

阅读教学评价要做到实事求是,及时准确。教师应根据学生的表现,客观、准确地指出学生的长处与不足,既对学生表现出色之处给予肯定,同时又有针对性地提醒并纠正学生的不足。如"你读得真有感情,如果能把 X 字的音读准就更好了。""你读得很流利,速度放慢一些就能更好地表达情感了。""你读得很正确,若声音再响一点儿就更好了,能再大声读一遍吗?"正是这些准确得体的评价语言,使学生知道了朗读要做到声音洪亮、快慢适度、读音准确、语言流畅。

清代教育家颜昊先生说:"教子十过,不如奖子一长。"花费很多时间和精力去苛求学生,不如用一点儿心力去发现其优点。上述案例告诉我们即使批评,也可使用语气委婉、充满鼓励的话语,以准确、得体的肯定性评价,去实现评价的激励功能。

(二)以生动、巧妙的评价引导学生深入思考

教师要善于运用自己巧妙、机智的语言来纠正、鼓励学生的回答,并注意情绪导向。如"今天你的表现真出色,只是说得还不够全面,请其他同学帮你补充,好吗?""你能进一步对你的回答做出解释吗?"这种以商量的口吻进行的追问式评价,不但避免了学生的尴尬,维护了他们的自尊,还可以引导学生向较高的思维层次递进,使学生能更深刻地对文本进行揣摩分析,由此将教学内容引向深处。

(三)以亲切、饱含深情的评价深化学生的情感体验

从某种意义上说,阅读课是情感课。充满真情的鼓励性评价会使学生如坐春风。一位教师教学《慈母情深》时,让学生讲讲自己在生活中体验到的母爱,有位男生说:"有一天过马路时,我无意间拉起了妈妈的手,发现妈妈的手已经不是那么柔软细滑,而是变得很粗糙。我心里觉得涩涩的,一下子懂得了母亲,懂得了母亲为我是多么操劳!"教师评价说:"老

师也感动了,没想到在你粗犷的男子汉外表下有这样一颗细腻敏感的心。老师为你感到骄傲。"有时候一个手势,一个眼神,一个抚摸,都会使学生感到亲切,拉近师生间的距离。当学生声情并茂地朗读完课文,教师会情不自禁地为他鼓掌;当听到学生精彩的发言时,教师会上前握手表示祝贺;当学生没思考周全时,教师会送上期待、信任的眼神。"亲其师而信其道",教师通过自身的情绪来鼓励学生,强化了学生的情感体验,凝固成一幅充满爱的画面。

(四)以幽默诙谐的评价,带给学生阅读课的乐趣

幽默是思维的火花、智慧的结晶。幽默诙谐的评价在给学生愉快情绪体验的同时,促使学生深入思索,悟出"笑外之音",从而起到积极的教育作用。如于永正老师上《小稻秧脱险记》时,一位同学朗读把课文中描写杂草的"有气无力"一词读得很重、很响。于老师没有马上指出应该怎么读,而是巧妙地进行启发:"我听到你喘气了,但是声音仍然很大。说话的声音这么大能算完了吗?",学生重读一遍,仍未读好。于老师风趣地说:"你没有完。要么你的抗毒能力强,要么我的化学除草剂是假冒伪劣产品,我再给你喷洒一点儿。"他还做了个喷洒药水的动作。那学生在轻松愉快的气氛中终于读出了应有的语调。于老师评价道:"听了他的朗读,让人感到杂草已经是有气无力了。"于老师诙谐幽默的评价不仅提高了课堂教学语言的品位,而且优化了课堂教学效果。

(五)以新颖、有创意的评价语言,带给学生美的享受

阅读教学教的是美文,教师的评价语言也应力求新颖、独特、有创意。如一位教师用"读得很好,就如大珠小珠落玉盘"来评价学生的朗读,用"君不见黄河之水天上来,奔流到海不复回"来评价思维广阔、流利回答问题的学生,用"竹外桃花三两枝,春江水暖鸭先知"来评价联系生活实际、具有实践精神的回答,这种运用诗歌这一文学手段的评价给学生带来美感。有位教师在教学《庐山的云雾》时评价学生:"你只读出庐山云雾的一姿一态""你已读出了庐山云雾的百姿百态""你的朗读让老师真看到了庐山云雾的千姿百态和瞬息万变了!"教师活用文中关键词来点评,不仅具有吸引力和感染力,而且能进一步引领学生感悟庐山云雾的特点。

(六)采用多元评价,发挥学生的主体能动性

学生是阅读活动的主体,在阅读教学中,应引导学生积极参与评价。学生自评,可以了解自己理解和朗读的水平,促进学法反思,提高学习兴趣。一位教师在学生朗读后,请学生自评,学生说:"我认为我读得还是挺有感情的,但声音比较轻。"教师要求他再读一遍,这一次该生读得又响亮又有感情,赢得了师生们的热烈掌声。在自评的基础上,应鼓励学生相互评价。教学中可以开展同桌互评、小组互评及全班范围内对学生进行评价。如"你认为他做得怎样?""好在哪里?""还有哪些要改的,怎么改?""如果是你,应该怎么做?"从而鼓励学生相互促进,相互补充,在互评中求进步,获得发展。

参考文献

[1]陈祖楠.语文是语言[M].杭州:浙江大学出版社,2018.

[2]樊家玮.阅读思维能力培养[M].石家庄:河北人民出版社,2016.

[3]高武国.语文高效课堂与文本解读路径解析[M].长春:吉林教育出版社,2017.

[4]勾祖鹏.小学语文课堂教学提升技巧[M].成都:西南交通大学出版社,2019.

[5]韩新雄.小学语文让课堂真正高效[M].延吉:延边大学出版社,2019.

[6]李亚玲,王守恒.小学语文情趣课堂[M].芜湖:安徽师范大学出版社,2013.

[7]李媛媛.语文学习与学生语文能力培养研究[M].长春:吉林人民出版社,2021.

[8]李媛.语文教学与思维创新[M].天津:天津科学技术出版社,2019.

[9]马丽.自主阅读能力培养[M].汕头:汕头大学出版社,2017.

[10]马勇,冯大财,卢向天.语文课堂说写能力的发展[M].长春:吉林人民出版社,2019.

[11]彭学江.创建语文高效课堂的有效策略[M].北京:华龄出版社,2017.

[12]任光霞.小学语文课程与教学研究[M].长春:吉林人民出版社,2020.

[13]王爱华.高效课堂 模式与案例 小学语文[M].南京:南京师范大学出版社,2011.

[14]王海燕,李榕霞.小学语文阅读能力培养研究[M].天津:天津科学技术出版社,2017.

[15]王家伦.语文教学的"平民"建构[M].南京:东南大学出版社,2017.

[16]王瑞亚,姚峰,封志红.小学语文教学与阅读能力培养研究[M].北京:现代出版社,2023.

[17]魏健康,张帅,南新霞.语文教学与学生阅读能力的培养[M].哈尔滨:北方文艺出版社,2022.

[18]吴朝.语文教学与学生阅读能力的培养[M].长春:吉林文史出版社,2018.

[19]杨振贤.和谐高效思维对话 新课堂教学的实践探索高中语文[M].北京:教育科学出版社,2011.

[20]于春祥.发现高效课堂密码[M].济南:山东文艺出版社,2011.

[21]于军民.语文阅读教学拾零基于课程改革视角[M].成都:西南交通大学出版社,2022.

[22]张卫民.语文高效课堂教学实践与思考[M].长春:吉林大学出版社,2017.

[23]张玉波.优化语文课堂教学艺术[M].长春:吉林人民出版社,2021.

[24]郑惠懋.小学语文高效课堂教学与实践探索[M].长春:吉林教育出版社,2021.

[25]朱永新,曹明海.语文阅读与成长[M].济南:山东教育出版社,2021.

[26]程燕,刘娜.新型阅读的构建[M].成都:电子科技大学出版社,2018.

[27]樊洁,崔琼,单云.语文课堂教学创新实践研究[M].长春:吉林人民出版社,2021.

[28]饶满萍.小学语文教学设计与实施[M].成都:西南交通大学出版社,2019.

[29]蒋承,罗尧.以阅读改变教育[M].北京:人民日报出版社,2020.